城市生命体运行系统模拟
预测与智能预警

赵鹏军　著

科学出版社

北　京

内 容 简 介

本书介绍了城市生命体运行预测与智慧预警技术（CitySPS_SPSW），该技术依托我国首个自主产权的城市系统模拟、预测和预警平台应用系统（博雅智城·CitySPS）及其城市计算引擎（CitySPS_UCE）应用。本书阐述了城市生命体运行的风险及其复杂性，总结评价了国内外城市系统模拟与运行监测预警技术的进展及其关键瓶颈，介绍了 CitySPS_SPSW 的模型架构、功能设计、量化算法、平台开发、操作流程和场景应用等，展望了未来城市生命体运行模拟预测技术的发展趋势。

本书可供城乡规划学、管理学、地理学、计算机科学和社会学等学科的高校教师和研究生，以及城市安全管理、城市计算、社会计算和智慧城市等领域的科研人员阅读，也可供国土空间规划、城乡规划和城市管理等决策部门行政决策人员参考。

审图号：京 S（2025）027 号

图书在版编目（CIP）数据

城市生命体运行系统模拟预测与智能预警／赵鹏军著. -- 北京 ： 科学出版社，2025. 6. -- ISBN 978-7-03-081168-4

I. F299.21

中国国家版本馆 CIP 数据核字第 2025XG4758 号

责任编辑：郭允允　赵　晶／责任校对：郝甜甜
责任印制：徐晓晨／封面设计：无极书装

科 学 出 版 社出版
北京东黄城根北街 16 号
邮政编码：100717
http://www.sciencep.com
北京建宏印刷有限公司印刷
科学出版社发行　各地新华书店经销
*
2025 年 6 月第 一 版　开本：787×1092　1/16
2025 年 6 月第一次印刷　印张：12 3/4
字数：300 000
定价：188.00 元
（如有印装质量问题，我社负责调换）

作者简介

　　赵鹏军，英国社会科学院院士，中国地理学会会士，北京大学博雅特聘教授，北京大学校学术委员会委员，北京大学城市规划与设计学院院长，北京大学城市与环境学院教授。国家杰出青年科学基金获得者、自然资源部高层次科技创新工程（国土空间规划行业）科技领军人才。现任国际地理联合会（IGU）交通地理委员会副主席，国际 SSCI 期刊 *Cities: The International Journal of Urban Policy and Planning* 主编，英国剑桥大学土地经济系客座教授，自然资源部陆表系统与人地关系重点实验室主任等。主要从事交通地理学和城乡规划学研究。

前　言

城市是一个生命体。城市生命体系统的高效与安全运行是城市可持续发展的前提。在全球视野下，城市化已成为一股不可逆转的潮流。权威统计数据显示，目前全球人口已逾81.6亿，其中城市居住人口占比超过56%。联合国经济和社会事务部对未来趋势进行了预测，预计到2050年，全球人口将突破90亿大关。鉴于这一显著的人口增长趋势，对城市增长的合理预测和规划显得尤为重要，它对于实现全球可持续发展战略具有至关重要的意义。

在我国，根据国家统计局2023年末发布的数据，我国人口已超过14亿，其中9.3亿人口居住在城市，城镇化率高达66.16%。特别是在北京、上海、广州等大城市，2018年的城市化率已超过86%。这些城市的人口和经济活动占据了主导地位，其运行状态直接影响着我国超过半数居民的生活品质。自2015年以来，我国推进"一带一路"、"京津冀协同发展"和"粤港澳大湾区"等，进一步提升了这些大城市在社会、科技和文化方面的影响力。

然而，随着我国城市化进程的逐步深入，众多相互关联的"城市病"问题逐渐凸显，同时城市发展亦面临来自自然与社会环境的潜在风险。因此，如何针对城市复杂系统的运行进行深入分析、模拟及智能预警，以实现对内涝、地震等自然灾害以及人群聚集等公共安全事件的预测与预警，成为当前亟待解决的关键问题。这不仅是构建宜居城市形态的重要前提，也是城市科学领域长期关注的核心议题。

近年来，物联网、5G通信、大数据及人工智能等科技的迅猛发展，为城市复杂系统的科学研究提供了前所未有的机遇。同时，城市复杂系统研究已步入智慧决策应用的新阶段，这要求城市智能模拟模型不仅需具备信息集成、知识挖掘与决策支持的能力，还需具备实现精准预测和预警的功能。城市生命体运行模拟与智能预警技术的引入，将为城市治理能力升级提供至关重要的支撑。

目前，虽然城市系统模型已在发达国家得到发展，预测预警模型技术在西方国家的城市生命体运行中已受到广泛关注，并被认为是智慧城市建设的核心技术，但是仍然面临城市变量少、预测功能弱和时空精度低等前沿技术难题。

当前的诊断、预测预警技术，如"体检式"的城市系统诊断方式，在数据的全面性、分析方法的精细度、系统解析的深度以及预测模拟的准确性等方面存在明显的不足。具体来说，数据采集往往受限于样本数量，无法全面反映城市的复杂运行状态；分析方法往往较为单一，难以挖掘深层次的运行规律；系统解析能力有限，往往难以捕捉到城市运行中的微妙变化；预测模拟能力不足，对于未来的城市发展走势难以做出准确预测。此外，这种传统的诊断方式过于关注过去的发展状况，对于未来的前瞻性不足，难以指导城市的长远发展；指标设置一般较为独立，缺乏系统性，不能全面反映城市运行的内在联系；场景设定往往过于单一，缺乏多样性，难以适应不同城市的个性化需求。总之，当前我国的城市生命体运行软件和技术系统大都仍停留在静态可视化或者数字孪生的阶段。高性能城市系统模型尚属空白。

因此，以往静态评估的方式难以适应城市动态变化的特点，难以满足城市运行的实时调整需求。发展数字经济、建设数字中国已成为重大国家战略，在国土空间与城乡建设领域，城市的发展需要研发高效实用的城市生命体运行模拟与智能预警技术。

在此背景下，作者团队深入探索了数据驱动下的城乡规划理论与实践，研发了我国首个具有自主权的城市系统模拟、预测和预警平台——博雅智城·CitySPS平台及其核心的城市计算引擎技术，为提升城市规划的科学性、前瞻性和可操作性作出了积极贡献，为理解城市系统模型研发最新前沿动向提供了新的参考。

作者团队研发的城市计算引擎（CitySPS_UCE）基于城市全系统计量模型和城市生命体运行预测与智慧预警技术（CitySPS_SPSW），实现了四大核心功能，即城市运行状态监测、城市发展趋势推演、城市系统智能预警以及城市决策场景模拟。通过量化模拟，深入剖析了城市复杂系统整体及其内部子系统的生长演化过程和动力机制，全面模拟了城市治理的"监测诊断—模拟预测—评估预警—优化方案"全流程，为城市治理提供了科学、精准的技术支持。

城市计算引擎（CitySPS_UCE）内置标准化数据与地域性参数，以"白箱机理模型+AI"融合技术方案，支持用户根据特定城市的规划目标与发展愿景输入决策调控参数，实现城市发展预测预警和决策模拟。CitySPS城市系统模型能够融合机理模型与AI模型，开展精准预测，并从系统计算、预测预警和智慧决策3个维度为城市信息模型（CIM）和国土空间信息模型（TIM）赋能，具有城市系统精准计算、多类规划预测评估、优化方案智能推荐、技术框架拓展灵活和数据参数轻便普适等优势，可以赋能城市数字孪生，支撑城市治理。博雅智城·CitySPS平台已获得6项专利和10项软著，已经开展了低碳城市、城市更新和智慧停车等应用场景实践。

本书共计12章。

第1章为研究背景，从我国城市预警运行面临的灾害和"城市病"出发，回顾了国内外已有的城市运行风险预警技术，总结评价了国际上城市系统平台研发的进展与不足，提出了现阶段城市复杂现状的重要难题：怎样对城市复杂系统运行进行模拟与智能预警？

为了解决这一问题，本书第2章为理论基础，回顾了城市系统模拟模型的理论和城市系统模型的应用平台技术的进展，主要包括空间相互作用模型、数学规划模型、随机效用模型和空间投入产出模型等。在此基础上，本书汇总了国内外城市系统模拟模型，总结了我国当前"体检"式的城市生命体运行诊断的短板。

第3章为系统构建部分，详细介绍了作者团队开发的博雅智城·CitySPS平台及其城市计算引擎（CitySPS_UCE）的模型架构、功能设计、量化算法、平台开发、操作流程、实证应用等，全面展示了博雅智城·CitySPS平台对城市生命体运行的高精度模拟预测与智能预警技术效果。在对城市计算引擎从构架设计、数据标准化和算法实现3个方面回顾之后，介绍了博雅智城·CitySPS平台在产品设计和高性能计算的优势和创新。

　　第4～8章为本书主体，通过人口增长与分布、土地利用变化、住房供需与房价、交通需求和交通流5个版块，展示了以城市生命体运行预测与智慧预警技术（CitySPS_SPSW）为基础建立的城市计算引擎（CitySPS_UCE）的四大功能：城市运行状态监测、城市发展趋势推演、城市系统智能预警和城市决策场景模拟。通过博雅智城·CitySPS平台对城市生命体运行的要素变化趋势推演和决策模拟来实现高精度模拟预测与智能预警技术效果。

　　基于北京市现状数据，博雅智城·CitySPS平台推演和预测未来2035年土地利用变化的时空特征、各街道常住人口数量、各街道房价以及交通流运行状态。厘清了系统机理模型推演的原理和方法，并且提供了LSTM、XGBoost和随机森林等机器学习算法的计算渠道，并且将这两种结果和真实值进行了对比，体现了较高的预测精度。该部分重点强调了城市动态监测智能预警功能，详细分析了博雅智城·CitySPS平台构建的城市体检指标全系统动态监测体系，综合分析和评价了城市各个方面的问题短板，对城市健康进行了全方位、多角度的评估，通过科学设定阈值对城市未来发展动态进行了预警。

　　第9章以低碳城市场景为例，探讨了智慧决策平台的城市决策模拟功能。通过在城市要素推演功能的基础上进行低碳政策模拟运算，用户可以根据1年或5年的时间粒度进行政策模拟。

　　第10章补充介绍了博雅智城·CitySPS平台的智能推荐功能。基于用户友好度的考虑，博雅智城·CitySPS平台的推荐方案功能利用机器学习算法对海量调整策略进行非线性拟合，寻找最优的成本调整路径，帮助用户快速得到更经济、更省时的方案。

　　第11章则介绍了向用户免费开放试用的产品——Demo版本。通过对Demo版本的简单操作，用户可体验博雅智城·CitySPS平台产品的多项核心功能，了解城市计算引擎在推演预测城市未来、预警未来城市灾害和"城市病"，以及赋能城市政策制定等方面的应用价值。

　　最后，作者在第12章总结了本书对城市系统模拟和解决城市问题方面的主要贡献，并且探讨了未来城市复杂系统运行模拟的发展方向。本书为读者理解城市系统模型研发最新前沿动向提供了新的参考。

　　本书得到国家自然科学基金项目（41925003）和深圳市科技计划资助项目（JCYJ20220818100810024，KQTD20221101093604016）的资助。研究项目和本书编写得到北京大学研究生万丹、陈霄依、司子黄、徐涵、闫帅晨、吴秀琛、郭武鑫、许佳时、王祎勃、杨艺、侯勇企、梁忠祺、俞泽欣、郑昱、左述尧，科研人员陈睿、赵东一、李不悔、党雪薇、徐永健、吴岳峰、吕欣素、周俊辉、严敏瑜等协助。在此感谢所有为本书编写提供支持和帮助的人员的辛勤付出和贡献，感谢各位审稿专家的悉心指导和宝贵建议，感谢科学出版社的精心策划和编辑工作。

　　未来我们将继续关注城市复杂系统模拟、预测和预警技术的发展和应用，不断更新和完善本书的内容，为广大读者提供更加全面、深入、前沿的参考资料。本书疏漏之处在所难免，敬请读者批评指正。

作者

2024年8月12日

目　　录

第 1 章
城市生命体运行的风险
及其复杂性

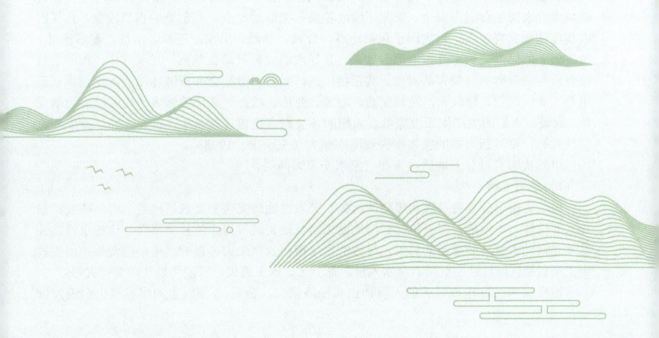

1.1 城市生命体运行的灾害风险与"城市病"

城市生命体运行风险点指的是对城市发展与运行造成阻碍、破坏及其他负面作用的现象或事件,主要包括灾害风险和"城市病"等。灾害包括自然灾害和人为灾害两个方面,其中自然灾害是各种自然力集聚暴发导致的灾难,有极端天气、洪涝、海啸、台风、地震等,往往造成大量的人员伤亡。人为灾害是由人为因素引发的灾害,包括火灾、战争等影响公共安全的事件。"城市病"是指城市在发展过程中出现的人口拥挤、交通拥堵、住房紧张、环境污染、就业不足、公共服务设施欠缺等问题。

这些城市生命体运行风险点严重影响了城市可持续发展。联合国可持续发展目标(sustainable development goals,SDGs)的第11个目标明确提出要"建设包容、安全、有抵御灾害能力和可持续的城市和人类住区"。这意味着我们要关注城市中不同群体的需求,增强城市抵御灾害的能力,提升城市包容性,确保城市安全性,共同推动全球城市的可持续发展进程。

1.1.1 灾害风险

1. 自然灾害

自然灾害可以理解为自然现象造成的,不以人类意志为转移的,给人类生命财产和生存发展环境带来损害的自然现象。

自然灾害的形成受到孕灾环境、致灾因子以及承灾体3个核心要素的影响。①孕灾环境,即指自然与经济社会环境,涵盖地球的大气圈、水圈、岩石圈、生物圈、冰冻圈以及人类社会圈。该要素的区域差异性显著影响致灾因子与承灾体在时空上的分布特征。孕灾环境的稳定性越高,则自然灾害发生的潜在风险越低。②致灾因子,指在自然与经济社会环境中对人类生命财产安全、资源环境或各类人类活动产生不利影响的自然现象,且其影响程度达到灾害级别。致灾因子包括地震、台风、暴雨、洪涝、干旱、滑坡、泥石流等。致灾因子的强度、频率及影响范围越大,其导致的灾害风险就越高。③承灾体,指的是直接受自然灾害影响与损害的对象,其范围广泛,涵盖人类社会和资源环境的各个层面。无论是工业、农业、建筑业,还是交通、能源、通信、教育、文化等领域,均可能成为承灾体。此外,人们的生产生活设施以及累积的各类财富也包含在其中。承灾体的暴露度与脆弱性越高,则其所面临的灾害损失程度亦越大(王子平,1998)。

自然灾害可以分为地质灾害和气象水文灾害两类。

1)地质灾害

地质灾害可分为突发性和缓变性两类。突发性地质灾害主要包括地震、火山喷发、崩塌(即危体)、滑坡、泥石流、岩溶地面塌陷及地裂缝等岩土体移动事件,这些事件往往是地壳运动力量瞬间暴发的后果,导致的直接损害及次生灾害影响严重。缓变性地质灾害则主要包括区域性地面沉降、海水入侵、荒漠化、水土流失、石漠化以及频繁洪灾等。

地质灾害往往造成巨大的人员伤亡和经济损失。公元79年发生的维苏威火山喷发摧毁了当时罗马的生活中心庞贝城，导致将近 2000 人丧生。根据 2022 年 10 月的联合国报告，在过去 20 年间，全球共记录了 7348 起灾害事件，造成 123 万人死亡和 2.97 万亿美元经济损失，受灾人口高达 40 亿人次。例如，2004 年印度洋海啸的死亡人数高达 22.7 万人[①]。2010 年海地发生的 7.3 级地震，其死亡人数超过 20 万人，并导致 200 多万人流离失所[②]。2008 年在缅甸形成的强热带气旋"纳尔吉斯"也造成了超过 9 万人死亡。2008 年发生在我国四川省汶川县的 8.0 级地震造成约 6.9 万人死亡，约 1.8 万人失踪，37.4 万人受伤，造成直接经济损失约 8451 亿元[③]。2013 年席卷菲律宾和其他东南亚国家的台风"海燕"，伴随着洪水，夺走了 6340 人的生命。2017 年发生在美国得克萨斯州和路易斯安那州的飓风"哈维"导致上万人失去家园，经济损失达到 1250 亿美元（乔恩·怀特，2020）。

2）气象水文灾害

气象水文灾害是指风雨雷电等大气现象引发的自然灾害，可分为水灾、旱灾、风灾、冰雪雹雷电灾和海洋灾难 5 个相互关联和渗透的子系统。水灾和旱灾导致作物减产，从而造成粮食短缺、疾病和动乱。2011 年的东非旱灾导致 1300 万人受灾，埃塞俄比亚、肯尼亚和索马里地区的数十万人因为缺乏食物和饮用水而死亡，牲畜死亡率高达 60%。风灾则常年困扰着东南亚、南亚、中国、加勒比和中部美洲等地区，造成每年 2 万多人死亡和 80 亿美元的经济损失。冰雪灾和雹灾分别对牧区和农作物的影响较大。

这些灾害往往具有高度复杂性和不确定性，给人类生命安全和社会稳定带来巨大挑战，且超越了单一国家或地区的应对能力，亟待全球合作共同解决。

2. 人为灾害

人为灾害是指由人类活动所引发的灾害。这类灾害不同于由自然因素引起的灾害，其根源在于人类自身的生产和生活行为。随着人类社会和科技的不断进步，我们对自然界的干预也越来越深，这导致人为灾害的种类和危害性也在逐步增加。

1）环境污染

环境污染是人为灾害的典型代表，源于工业发展、城市化进程及人类消费行为的不断扩张。这些活动导致不可再生的资源大量消耗，大量废弃物和污染物的排放超过了大自然的自净能力和大自然的承载力，破坏了生态平衡。受影响的不仅是动植物的生存空间，更直接威胁到人类的健康。同时，环境污染已引发全球气候变暖、极端天气频发等全球性问题。例如，1956 年日本熊本县水俣镇的水污染事件造成数千人中毒甚至死亡。

2）资源过度消耗

资源过度消耗源于人类对自然资源的需求持续攀升。大规模砍伐森林加剧了土壤侵蚀和生物多样性丧失。矿产资源的过度开采则引发了地面塌陷、水源污染等环境问题。这些问题不仅影响了人类的生存环境，而且对未来的可持续发展构成严重威胁。

2024 年 3 月 1 日，联合国环境规划署发布了《2024 年全球资源展望》（Global Resources Outlook 2024），强调了资源对于有效推进《2030 年可持续发展议程》的重要性，并呼吁全球加速向可持续资源利用模式转型。该报告指出，资源使用对环境的各类影响正在上升。

① https://news.un.org/zh/story/2019/12/1048021。
② https://www.ohchr.org/zh/about-us/memorial/haiti-2010。
③ https://www.gov.cn/gzdt/2009-02/16/content_1232718.htm。

物质资源开采和加工占温室气体排放的55%以上。考虑土地利用变化后，资源消耗造成的气候影响增至60%以上。全球人均资源需求量从1970年的8.4t增至2024年的13.2t，且以每年超过2.3%的速度增长①。

3）生物灾害

生物圈包含动物、植物和微生物，它们相互依存，共同营造生机勃勃的地球。然而，生态失衡常引发灾难，人类往往成为破坏者，如过度捕猎和滥用化学药剂。动物通常不主动攻击人类，但环境干扰和食物短缺时可能攻击。生物灾害间接威胁人类生命，其后果严重。病虫鼠害尤为严重，可破坏农作物和植被，威胁人类生存基础。全球约1/3农作物在收获前受损。粮食在运输、储藏和加工中仍面临侵害风险。大规模的生物灾害可导致作物减产和大量人口饥饿死亡。

4）火灾

在自然灾害方面，火灾常常与地震、火山爆发、风灾、高温和雷电等现象相伴随。地震和火山爆发时，地质结构的破坏，可能会引发火灾。强风可以将火种传播到其他地方，或者加剧火势。人为因素也是火灾发生的重要原因。在战争状态下，火炮和炸弹的爆炸可能直接引发火灾。环境污染，尤其是空气污染，可能导致植被干燥，增加火灾风险。在工业生产过程中，设备故障、操作不当或安全管理不善，可能发生事故，从而引发火灾。社会突发事件，如城市中的交通事故、居民区内的电气故障等，也可能间接或直接导致火灾的发生。

5）传染病

传染病是一种具有传染性和流行性的疾病，对人类健康造成严重威胁。各类传染病由病原体引起，传染源能够通过一定的传播途径导致易感人群感染。1346～1353年通过老鼠传播的"黑死病"肆虐，导致欧洲人口锐减，共计7500万到2亿人死亡。1918年暴发的西班牙流感造成全世界近5亿人口感染，2000万～4000万人死亡（乔恩·怀特，2020）。根据世界卫生组织的数据，截至2023年5月，新冠疫情（Covid-19）已在全球造成692万人死亡。

6）网络灾害

随着网络技术的发展，网络攻击与数据泄露频发，影响范围大，对全球企业构成严重威胁。2017年5月12日，WannaCry勒索病毒暴发，席卷150多个国家，超30万台电脑被感染。该病毒涉及众多互联网设施，严重影响民众生活（Chen and Bridges，2017）。2023年，全球最大晶圆代工厂台积电遭到LockBit勒索软件组织攻击，被勒索7000万美元。该组织威胁台积电公开网络接入点、密码等机密信息，引发信息安全领域关注（Eliando and Purnomo，2022）。

此外，人类活动还引发了核泄漏、化学污染、交通事故和工伤事故等多种人为灾害。例如，1986年的切尔诺贝利核泄漏事件造成6万～8万人死亡，13.4万人患辐射疾病。总体而言，从灾害种类来看，以往的人为灾害主要表现为环境污染、生态破坏等。然而，随着科技的进步，新的灾害形式也不断出现，如网络安全风险、核辐射泄漏等。这些灾害的种类繁多，各有特点，给人类的生存和发展带来了极大的挑战。从灾害的危害性来看，人为灾害的影响范围和程度也在不断扩大。例如，环境污染不仅影响了人类的健康，还导致

---

① https://wedocs.unep.org/handle/20.500.11822/44901。

了许多生态问题的出现,如生物多样性减少、气候变化等。这些问题进一步加剧了自然灾害的频发和加剧,使得地球的恢复能力受到严重挑战。更为严重的是,人为灾害的影响已经超出了地球自身的恢复能力。以气候变化为例,过量的温室气体排放已经导致全球气温升高、海平面上升、极端气候事件频繁发生。这些变化对人类社会和自然生态系统产生了深远的影响。

对于自然灾害,尽管现代科技已有显著进步,使我们能够通过监测机制预测和预警地震、海啸等灾害,但这并不等同于我们能够杜绝这些灾害的发生。自然灾害是地球自然系统的一部分,我们只能在一定程度上减轻其带来的损失。相对而言,我们对于人为灾害拥有更大的主动权和可控性。这些灾害往往源于人类活动,如过度开采自然资源和环境污染等,不仅给人类带来巨大损失,还可能对地球自然系统造成不可逆的损害。因此,我们应当持续加强科研和技术创新,提升预测和预警的精确性和时效性,以更有效地应对自然灾害带来的挑战,同时也应该积极采取措施,通过管控和约束相关人类活动来预防和减少人为灾害的发生。

1.1.2　"城市病"

城市是个生命体,在生长过程中,有时候会出现"城市病"或者"亚健康"状态。"城市病"是指在城市发展过程中出现的一系列社会经济与环境问题。近百年来,生产方式的巨变带来人类生活组织方式的革命性变化,全球城镇化率从14%飙升到56%。然而,随着城镇人口的迅速增长,城市化进程的加速,人口与经济过量集聚,城市发展与经济、社会、生态发展的协调性面临着挑战,由此导致了一系列城市问题,如住房短缺、环境污染、交通拥堵、贫富分化和安全健康隐患增加等。随着现代城市的发展,城市问题的外延不断扩展,囊括的内容愈发广泛,涉及人口、交通、资源、环境、安全、健康、文化和社会管理等诸多方面,除了传统的常见"城市病"之外,城市产生了诸如人口密集、疾病传播、地面沉降、城市扩张、基础设施不足、生态环境恶化以及区域发展不平衡等新的"亚健康"问题。

也就是说,在城镇化发展的过程中,各个阶段面临的城市问题也在不断发生变化。在城镇化起步阶段,由于生产力低下和流通不畅,物资供应短缺是主要的城市问题(周加来,2004)。在城镇化加速时期,大批农村人口入城,城市功能难以应对,导致人口膨胀、住房紧缺、基础设施不足、卫生较差和环境污染等问题。在城镇化期的城市系统更加复杂,由于之前缺少前瞻性预测,人口、经济、资源和环境的承载分布不均,使得职住失衡、生态破坏、环境污染、交通拥堵、基础设施不足和社会分层。而在城镇化成熟期,郊区城市化进程加速,城市空间低密度造成服务成本增加、土地资源浪费和城市中心区衰退、农用地和生态空间减少、机动车污染加重和人口老龄化等城市问题。

如今,常见的"城市病"包括以下几种。

1. 人口拥挤

人口拥挤是指城市人口数量过多,不仅给居民在安全问题、日常生活和交通拥堵等方面带来困扰,还会导致城市空间、资源和服务无法满足居民需求的现象。这种现象会导致生活质量下降、社会问题增多和环境污染加剧。

欧美国家大都市如伦敦、巴黎和马赛等的人口密度普遍在0.5万~1万人/km²，纽约、洛杉矶的人口密度在0.5万人/km²以下。日本的全国平均城镇人口密度为0.68万人/km²，其人口集中地区的人口密度甚至达到1.4万人/km²。

而在我国，随着城市化进程的推进，住宅集合化和高层化的现象相对于国外更为普遍，人口分布也越发不均衡。根据第七次全国人口普查数据，北京市人口密度总体为1.29万人/km²，然而各区之间差异显著。例如，市内西城区的人口密度高达2.18万人/km²，相较之下，远郊门头沟区的人口密度仅为0.06万人/km²。我国广州、深圳、上海、天津和北京等大都市建成区人口密度普遍在2015年已经达到2.0万人/km²以上，旧城区人口密度普遍在3.0万人/km²以上。2021年第七次全国人口普查数据显示，广州市越秀区人口密度达到3.07万人/km²，上海市黄浦区和虹口区的人口密度分别达到3.22万人/km²和3.29万人/km²，天津市和平区的人口密度甚至达到3.55万人/km²（国务院第七次全国人口普查领导小组办公室，2021）。高人口密度的建成区并非大城市独有，贵阳和宜昌等城市的居住人口密度也处于3.48万~4.36万人/km²（周建高，2015）。

2. 交通拥堵

城市交通拥堵给我们的生活带来了诸多不便，同时也对环境造成了严重影响。交通拥堵影响人们的出行效率，车辆行驶缓慢使得原本快捷方便的出行变得烦琐而耗时。交通拥堵还使得能源消耗增加。在拥堵的路况下，车辆需要频繁启动和刹车，燃油消耗增加。根据相关研究，交通拥堵会导致城市燃油消耗增加15%~20%。此外，交通拥堵还加剧了环境污染。在拥堵的路况下，车辆排放的尾气中含有大量有害物质，如二氧化碳、氮氧化物等。这些有害物质对空气质量造成了严重影响。

超大城市的交通拥堵问题日益严重，其影响已逐渐扩展至市区外围，拥堵的时段和范围均有所扩大。特大城市面临的交通拥堵已不仅局限于上下班高峰期，而是呈现出全天的拥堵态势。以北京市为例，其交通指数经常达到中度和重度拥堵水平。其中，二环内的拥堵情况尤为突出，部分主干路在早晚高峰时段运行缓慢，工作日日均拥堵时间较长。大城市在通勤高峰时段，主干路上常出现潮汐性拥堵，这种拥堵主要发生在交通走廊，且多为单方向。值得注意的是，交通拥堵的现象已不仅局限于超大城市，而是逐渐蔓延至中小城市。部分二线城市的交通拥堵状况已赶超特大城市。

在全球拥堵城市排名中，中国有多个城市上榜。一线及省会城市作为堵车重灾区，其拥堵现象尤为严重。然而，拥堵现象已普遍出现在各中小城市。这主要归因于中小城市汽车消费的快速增长与交通设施发展的滞后，导致拥堵现象进一步加剧。

3. 住房紧张

住房紧张涉及城市规划、房地产市场、经济政策和社会需求等多个方面。具体来说，城市住房供应不足是住房紧张的直接原因。随着城市化进程的加快，大量农村人口涌入城市，带来了对住房的大量需求。与此同时，城市土地资源有限，导致新增住房供应难以满足激增的需求。房价高涨是住房紧张的另一个显著特征。尽管近年来全国房价略有降低，北京、深圳和上海的2024年4月平均房价分别依然维持在6.56万元/m²、6.82万元/m²和6.79万元/m²左右。长期的住房问题还会导致社会不公平感增强，加剧社会矛盾。另外，在各城市的老城区，大量的住房设施陈旧、面积狭小且环境恶劣，对居民的健康和生活品质产生影响。此外，高房价和紧张的住房条件会导致人才流失，尤其是大量外来人口住房困难，影响城市的创新能力和竞争力。研究表明，1980 年至今我国城市人均住宅面积从 7.2m² 提高到 39m²，但是通过房价收入比（price to income ratio，PIR）、住房可支付性指数（housing affordability index，HAI）等指标可以清晰看出，由于贫富差距扩大和住房供应结构不合理等，我国居民住房支付能力整体下降，且在空间上分布不均衡，东部大城市的人口迁移增长迅速，住房需求更为旺盛（张清勇，2007）。

4. 环境污染

环境污染是指城市环境受到各种污染物的影响，导致空气质量下降、水质污染和噪声扰民等问题。环境污染的来源多种多样，包括工业排放、交通排放、农业排放、生活排放等。这些污染物在空气中、水中和土壤中积累，对环境和人类健康造成负面影响。空气质量下降会导致呼吸系统疾病、心血管系统疾病等健康问题，水质污染会影响人类饮用水水源，导致消化系统疾病等健康问题，噪声扰民会影响人类睡眠、心理等方面。环境污染的原因主要有工业化和城镇化的压力、产业结构调整滞后、环境保护基础设施薄弱、环境保护产业基础落后和环境管理制度落后等。

根据《全国水资源综合规划（2010—2030 年）》，中国 655 座城市中有 470 座存在供水问题，402 座城市需水量大于实际供水量。《2018 中国生态环境状况公报》显示，全国 338 个地级及以上城市中，仅 121 个城市环境空气质量达标，共发生重度污染 1899 天次。水资源污染问题严重，全国地表水监测的 1935 个点位中，合格率为 71.0%。全国生态环境质量优和良的县域面积占 44.7%，较差和差的占 31.6%。在大气污染方面，近年来北上广等大城市空气质量指数（AQI）多次爆表。2018 年，PM$_{2.5}$ 为主要污染物的天数占比达 44.1%。大气污染威胁城市居民健康，影响城市形象（潘铭，2013）。

城市土壤污染主要源于工业"三废"排放、采矿冶金、家庭燃煤、生活垃圾、污水处理厂污泥和城市绿化使用的化肥等。这些污染源可能导致土壤重金属含量超标，引发土壤污染。土壤污染通过"土壤—植被—人体或动物"或"土壤—水—人体或动物"等路径传递，对生态系统和人体健康产生不良影响，甚至危及生命（Zhong et al.，2019）。

此外，城市居民还遭受噪声污染、垃圾围城和环境风险的影响。例如，2005 年松花江水污染事件、2006 年河北白洋淀死鱼事件、2007 年太湖水污染事件、2011 年云南曲靖铬渣污染事件、2012 年广西龙江镉污染事件以及 2013 年青岛输油管道爆炸事件等环境污染事故都对居民的生命财产安全造成威胁（高晓路，2021）。

5. 公共服务设施短缺

公共服务设施短缺是指一个城市在医疗、教育、文化、体育等公共服务设施方面的供应不足，无法满足居民尤其是弱势群体的基本需求，会对居民的生活造成很大的困扰，甚至会影响到城市的可持续发展。城市规划不合理、政策支持不足、资金投入不足等都会导致公共服务设施供需不平衡。

不同规模等级的城市面临着不同的城市问题。特大城市的主要问题在于资源短缺、生态破坏、环境污染、高房价、通勤时间长、子女入学、城市创新能力不足、外来人口难以融入社会和基础设施不足等方面。中小城市的主要问题在于城市建设落后、基础设施不足、吸引力有限、地方特色丧失、产业结构不合理和盲目规划等方面。小城镇则主要容易产生基础设施不足、乡镇企业竞争力弱、产业布局不合理等矛盾（高晓路，2021）。

这些城市问题在现代社会中呈现出并发关联的特征。这种关联性表现在一个问题未能得到有效解决时，其他问题可能随之加剧，形成连锁反应和复合效应。例如，城市人口的快速增长使得空气污染、水污染和土壤污染等问题日益严重。这些环境污染问题对城市居民的公共卫生状况产生负面影响，引起如呼吸系统疾病、心血管疾病和肿瘤等疾病的发病率上升，从而加重医疗资源紧张的状况。从能源与经济角度来说，长时间的交通堵塞会导致车辆燃油消耗增加，从而提高运输成本，延误货物送达时间，影响物流效率，进一步拖累整体经济增长。这些城市问题相互交织，形成一个复杂的问题网络，对民众生活和社会发展产生负面影响。这就要求我们了解城市的复杂性。

1.2　城市复杂生命体系统及其运行机制

1.2.1　城市是复杂生命体系统

城市与生命体的特性有着惊人的相似性，当将城市视为生命体时，能够更加深入理解城市的运作机制和演变过程。如同生命体一样，城市由许多相互独立而又相互依赖的部分组成，这些部分包括人口、经济活动、社会交互和文化表达等，它们在不同尺度上共同塑造了城市的复杂性和独特性。城市的居民在经济活动、社会交互和文化表达等方面都存在着高度的相互依赖关系，这种相互依赖性使得城市成为一个高度动态的复杂系统，受到经济、社会、文化和空间等多个维度的共同影响。

然而，理解和研究城市是一项具有挑战性的任务。随着科技的发展和人口的增长，城市的规模、功能和结构都在快速扩展和日益复杂化。这为解决城市问题带来了前所未有的挑战。在这样的背景下，如何适应城市的发展规律并提升城市居民的生活福祉已经成为当前城市规划和建设的重要议题。

对城市复杂性的认识和理解是一个长期的过程，与复杂性理论的发展历程相一致。在传统观念中，城市一直被视为一个简单的系统。例如，19世纪末的"田园城市"理论将城市视为人口和工作机会之间简单互动的结果（Ebenezer，1965）。在现代主义城市规划中，往往试图通过规则和有序的几何布局来消除旧城市的"复杂性"（Decker et al.，2000）。最为著名的例子是20世纪30年代美国《雅典宪章》试图将城市简单地划分为不同的功能区，这种做法忽略了城市的动态性和自组织性，导致了城市向周边郊区的无序扩张等一系列社会问题。然而，随着对城市研究的深入，人们逐渐认识到城市的深层复杂性和动态性。城市不仅仅是一个简单的二元系统，而是由错综复杂的社会网络和空间结构交织而成的系统。这种认识推动了复杂性理论在城市研究中的应用和发展。

随着时间的推移，人们对城市的深入研究逐渐揭示了其深层复杂性和动态性。在多个领域中，学者们开始关注城市复杂系统的研究。经济学家关注城市的经济活动和市场的复杂网络结构（Button，1976）。社会学家研究城市中社会群体和社会文化、思想交互与交融的动态过程（Park and Burgess，2019）。地理学家则关注城市的空间结构和地域分异等方面。这些研究领域虽然各有侧重，但都逐渐认识到城市是一个复杂的系统，需要从多个维度进行综合研究。过去半个世纪的城市研究已经证明，随着多种先进的城市发展理论的出现，人们对城市的动态和复杂性的理解已经变得更加全面。

城市复杂系统领域的理论包括城市复杂系统理论、城市网络理论和城市涌现理论和一贯论四大理论。

1. 城市复杂系统理论

城市复杂系统理论的起源可以追溯到 20 世纪 40 年代，当时科研人员开始深入探讨物质与生命之间的关系。这一时期，诺贝尔物理学奖得主埃尔温·薛定谔（Erwin Schrödinger）从熵的角度对"生命是什么"这一主题进行了深入研究。他认为，尽管物质受制于热力学第二定律，但生命这一过程却是个例外（Schrödinger，1944）。薛定谔提出的"生命组织通过从环境中提取'秩序'来维持"这一观点，预示着复杂性理论的核心思想：从混沌中产生秩序。

随后几十年里，许多理论家在复杂性理论方面取得了突破性进展。Haken（1969）提出了协同学理论（synergetics theory），同时 Lorenz（1969）则提出了混沌理论（chaos theory）。Prigogine（1978）提出了耗散结构理论（dissipative structure theory），认为在某些情况下，物质也展现出与生命相似的性质。此后不久，Mandelbrot 和 Wheeler（1983）提出了分形几何学理论，Bak（1996）提出了自组织临界性理论。进入 21 世纪后，网络理论也得到了广泛关注，如 Barabási、Albert 和 Watts 等理论家提出了网络理论（Barabási and Albert，1999；Albert and Barabási，2002；Watts，2004）。这些理论都探讨了远离平衡状态下的开放复杂系统，并从不同角度揭示了复杂性的特质。

在城市研究领域，复杂性理论的应用历史悠久，城市经常被用作理解复杂性的参照对象。普里戈金的学生 Allen（1997）首次提出了城市复杂性理论，为城市复杂性研究开辟了新领域。城市复杂性理论认为，城市具有自然复杂系统的所有特性：开放性、复杂性、自组织性，以及分形和混沌特性。许多为研究物质和有机复杂系统而开发的数学模型同样适用于城市研究。

不同的城市复杂性理论揭示了城市不同的复杂性属性（Portugali，2011）。例如，耗散城市理论强调城市与环境的关系，协同城市理论强调城市主体之间自下而上的互动以及自上而下的"从属原则"，而分形城市理论则关注城市的分形结构和形态。迈克尔·巴蒂是城市科学中应用复杂系统理论的先驱之一，他运用元胞自动机来模拟城市增长，认为城市发展是自组织的过程（Batty，2003）。杰弗里·韦斯特和他的团队在 2007 年的研究中揭示了城市规模与其各种社会经济指标间的关系，证明了城市规模与这些指标之间存在明显的幂律关系，这也是复杂系统理论的一个典型特征（Bettencourt et al.，2007）。

将城市复杂系统理论应用于城市规划已成为必然趋势，然而传统城市规划理论往往强调从宏观角度解释城市空间，习惯将复杂的城市研究对象简单化，制定综合性的计划，进行简单的线性计算预测。即使引入地理信息计算和大数据后，这类情况也没有改善。这样的方式显然忽视了微观层面上城市各个子系统和各个元素之间的互动及个体与群体之间的相互影响关系。将城市复杂系统理论和城市规划理论结合，为城市规划实践提供依据，解决城市问题，需要构建一个城市复杂系统理论指导下的城市规划的理论框架。

如今，复杂系统思维下的城市规划将地理学、经济学、社会学、数学、计算机等相关学科的研究优势纳入矩阵，借助大数据、人工智能、物联网等先进技术，获取了强大的分析模型支撑，逐步实现更系统、更精确、更及时和更有效的数智化的城市规划。正如吴志强院士所说，"城市研究和城市规划的春天才刚刚开始"。

城市复杂系统研究领域提供了一个全新的科学思维范式和研究方向，使我们能够更加深入地理解城市与人类之间的关系。这一领域的研究不仅有助于我们揭示城市的内在规律，还将帮助我们更好地应对城市发展中所面临的各种挑战，在理解城市运行的微观机制和宏观规律方面起着至关重要的作用。在城市复杂系统科学的研究过程中，我们逐渐认识到城市不仅仅是一个物理空间，更是一个包含众多相互关联的复杂系统的综合体。在这个综合体中，每个子系统都发挥着至关重要的作用。一旦某个系统出现问题，都可能对整个城市发展产生深远的影响。这一领域弥补了传统的分解简化的方法的不足，为解决城市问题提供了更具针对性和实效性的策略。这种研究方法不仅有助于我们更准确地理解城市的本质，还为城市规划和管理提供了科学的依据和支持。

首先，城市复杂系统科学使我们能够以全新的视角审视国土空间规划。国土空间包括城乡建设、社会经济活动及生态环境三个大复杂系统。国土空间规划是内生于复杂城市系统适应自组织的过程，需要遵循城市内生适应自组织的演变（Lai and Zhang, 2016）。传统的规划侧重于空间布局、基础设施建设等硬件方面，而忽视了城市系统中各个子系统之间的相互关系和城市内生适应自组织的演变过程。城市复杂系统科学研究则强调关注这些子系统之间的协同与耦合，确保各个系统在城市发展过程中达到平衡与和谐。运用整体和系统认识论和方法论来解决持续复杂化的城市问题是今后推动空间规划治理数智化的必经之路。

其次，城市复杂系统在以大城市群为主导的城市发展方面具有深远的意义。要全面把握城市系统的动态规律，必须考虑区域之间的互动和外部环境的影响。城市作为一个庞大且复杂的系统，其行为模式和演化趋势难以直接观测。因此，城市计算与模拟技术在此方面发挥了关键作用。这些技术不仅可以帮助我们基于现有数据和知识构建城市模型，还可以通过模拟预测和理解城市的未来发展，有效地进行重大公共事件的预警和控制。例如，在疫情的溯源和防控、洪涝灾害等方面，这些技术发挥了重要作用。

最后，基于城市复杂系统的城市模拟预测平台是智慧城市的第五个发展阶段的重要需求。科技部第六次国家技术预测数据显示，我国城镇化与城市发展领域科技水平提升明显，但科技原始创新体系建设仍有待加强。在引进国外先进技术软件和模型基础上的集成应用创新领域，尤其是规划设计技术集成平台方面仍处于对国外技术及平台的引进、消化阶段。基于复杂系统理论的国产智能决策系统和模拟预测技术平台亟须研发。

此外，城市复杂系统科学还为解决城市问题提供了新的思路。在面对城市问题时，我们不再将其视为孤立的事件，而是要从城市整体的角度去分析问题的成因和解决方案。这种整体性思维要求我们在政策制定过程中，应充分考虑各个系统之间的关联性，以实现城市治理的科学化、精细化和智能化。通过深入理解城市的现状和发展趋势，以及对不确定性政策进行精确的效果评估（Portugali, 2011），帮助城市规划者做出更加明智和科学的决策。这有助于提高城市规划的合理性和可持续性，减少决策失误和资源浪费。这一理念在智慧城市的五个发展阶段中得到了切实体现：从硬件设施建设到数字化、网络化的信息服务，再到物联网的全面连接和数据驱动的决策支持，最终形成自适应系统。这些阶段的演变进一步证实了城市的复杂性、动态性和自适应性，展示了城市复杂系统研究的重要价值和潜力。

2. 城市网络理论

城市网络理论（urban network theory）是城市复杂系统理论的一个重要分支，它起源于 20 世纪 50 年代和 60 年代的图论（graph theory）研究，着重研究城市之间的联系和互动。这一理论的核心思想是城市之间的相互作用和依赖关系，以及城市网络的整体性和系统性。城市网络理论与传统中心地模型的主要区别在于，它更强调城市之间的网络联系和相互作用，而不是单个城市的功能和地位。城市网络理论认为，城市之间的联系不仅仅是物质、信息和资本的交换与流通，还包括人口流动、文化交流和技术传播等方面。这些联系使得城市之间形成了一种复杂的网络结构，其中每个城市都扮演着不同的角色，相互依存，相互影响。

城市网络理论的概念包含三个要素：网络要素、网络外部性要素和合作要素。网络要素主要体现在城市之间的联系和互动，包括各种形式的交通、通信和流量的交互。网络外部性要素指的是城市之间的相互依赖性和互补性，一个城市的发展往往受益于其他城市的繁荣。合作要素则强调城市之间的合作与协同发展，通过共享资源、信息和经验，实现互利共赢。

随着科技的飞速发展，城市网络理论得到了进一步的发展和完善。计算机、信息和控制技术的进步使得各种网络之间的联系更加紧密，相互依存和相互作用的特征也更加明显。在这个背景下，城市网络理论的应用范围也不断扩大。

首先，随着全球化进程的加速，城市网络理论逐渐发展为全球城市网络理论，特别关注城市之间的全球联系。Sassen（2016）在其著作《全球城市》中强调了城市在全球经济活动中的中心地位，并深入研究了全球城市网络。这一研究对于理解全球城市的形成和发展，以及全球经济的格局和趋势具有重要的意义。

其次，随着复杂网络理论的兴起，许多研究人员开始将复杂网络理论应用到城市网络研究中，尤其是运用到城市交通网络的研究中。复杂网络理论为城市网络的研究提供了新的视角和方法，有助于深入揭示城市网络的特性和规律。例如，Watts（2004）关于小世界网络的研究、Barabási 关于无标度网络的研究以及 Albert 关于复杂网络弹性的研究（Barabási and Albert，1999；Albert and Barabási，2002），都为城市网络的研究提供了重要的理论支撑和实践指导。

最后，城市网络理论的应用范围不仅限于城市规划和交通物流等领域，还涉及国际关系、全球治理和跨国合作等方面。通过深入研究城市网络理论，可以更好地理解城市的本质和演化规律，为城市的可持续发展提供科学依据和实践指导。同时，城市网络理论也为多学科交叉研究提供了新的思路和方法，促进了相关交叉学科的发展。

3. 城市涌现理论和一贯论

城市涌现理论（urban emergence theory）是一种用于理解和解释城市复杂性和多样性的新兴理论框架。它源于 20 世纪 70 年代科学家们对城市的自组织性质和自适应行为展开的复杂系统理论研究（Batty and Longley，1994；Haken，1987）。而后，城市涌现理论随着计算机模拟技术的发展得到进一步发展和完善。城市涌现理论的核心观点是，城市的结构和功能是由其各个组成部分之间的相互作用和反馈机制自发形成的，而不是由单一的规划者或决策者所决定的（Holland and Wesley，1995）。这些组成部分可以是居民、企业、交通网络、公共设施等，它们之间的相互作用和反馈机制导致城市结构和功能的涌现。

城市涌现理论强调了城市的非线性、自底向上和动态特性，对于理解城市的多样性和复杂性具有重大价值。首先，城市涌现理论认为，城市的演化和发展是一个非线性的过程，受到许多因素的影响，包括经济、社会、环境等。这些因素相互作用，共同推动了城市的演化和发展。其次，城市涌现理论认为，城市的发展是一个自底向上的过程，是由许多个体的行为和决策所驱动的。这些个体的行为和决策在城市中形成了各种集群和网络，进而影响了城市的结构和功能。此外，城市涌现理论认为，城市的发展是一个动态的过程，不断地进行着自我调整和优化。

随着计算机模拟技术的不断进步，城市涌现理论得以进一步拓展和深化。科学家们运用元胞自动机（cellular automata）和多智能体系统（multi-agent systems）等先进工具，模拟城市系统中的微观互动过程，观察由此引发的宏观现象。这些模型能够模拟和深入理解一系列复杂的城市现象，如城市扩展、交通流动和社区形成等。城市涌现理论在解析城市形态和结构的生成方面也展现出了其重要的应用潜力。它揭示了城市空间结构的涌现并非由某一中心机构的规划决定，而是由众多个体（如居民、商业和公共设施）的局部交互构成。这一观点在解读城市的形态、规模和时间动态方面具有突出作用。此外，城市涌现理论还延伸至对社会经济现象的理解。总体而言，城市涌现理论为人们理解和分析城市的复杂性、动态性和多样性提供了有力的理论支撑。

城市复杂系统领域的理论众多，除了上述提及的经典城市复杂系统理论、城市网络理论、城市涌现理论和一贯论外，还有城市生长理论、空间交互理论、城市系统动力学理论等。这些理论也从不同角度探讨城市的复杂性，为城市规划、设计和治理提供了重要的理论支撑和实践指导。

城市生长理论（urban growth theory）是城市复杂系统相关理论中的一个重要组成部分，旨在描述和预测城市规模和数量的变化情况。该理论通过引入一系列数学模型，如 Gibrat 模型、Simon 模型和 Pred 模型等，利用统计物理和概率论的方法，揭示了城市规模分布的幂律关系和城市生长过程的随机性（Gibrat，1931；Pred and Kuklinski，1977；Simon，1955）。

空间交互理论（spatial interaction theory）主要关注地理空间内的活动，特别是人口迁移和货物交换等交互过程。该理论认为，地理空间中的交互活动受到距离、成本和需求等因素的制约，为理解城市内部和城市之间的交互机制提供了实用的框架。

城市系统动力学理论（urban system dynamics theory）运用反馈循环和时间延迟的方法来研究城市系统的动态行为。该理论通过建立数学模型来模拟城市系统中的各种因素，如人口、经济和环境等之间的互动关系，以预测城市的未来发展趋势。

尽管这些理论各有独特的焦点和方法，但它们共同反映了复杂系统理论在理解城市发展中的重要价值。借助复杂系统的概念和工具，这些理论为我们理解城市的复杂性和动态性提供了全新的视角。同时，它们也揭示了城市研究需要跨越传统学科界限，从一个综合的视角去研究城市系统的多元性和互动性。

1.2.2　城市生命体生长演化理论

城市并非一架机器，而是一个有机的生命体。如图 1-1 所示，城市中的每个组成部分，类似于生物体中的细胞，由细胞核和原生质构成。这些元素相互关联，共同构成了城市的各个子系统，正如细胞组成生物体的各个器官。城市的生长与发展逻辑也与生物体相似，受到其底层结构的支撑与约束。因此，诸多学者倾向于将城市视为一个生命体，将城市中的各个要素视为生命体的组成部分。这一观点的理论基础正是城市复杂生命系统理论（姜仁荣和刘成明，2015；赖世刚，2019；孙斌栋等，2023）。

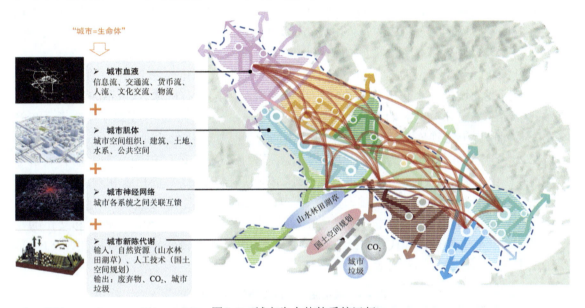

图 1-1　城市生命体的系统运行

城市不仅仅是其组成要素的简单组合。城市复杂性的研究在生命科学领域得到了深入的探讨。生命科学不仅揭示了生命的奥秘，还对自然科学和认识论产生了深刻的影响，进而推动了多学科研究方法的革新。尽管城市与生物体的类比在早期研究中已有涉及，但这种类比被不断地深入探讨。

在 19 世纪 30 年代之前，人们对生命和自然的认识主要受到古代世界观的影响。然而，随着自然科学的快速发展，机械主义和还原主义逐渐占据了主导地位。贝塔朗菲在 20 世纪中期提出了有机论，强调生命有机体的特性，如等级和自我调节，这种观点进一步发展形成了机体论（Von Bertalanffy，1972）。Keosian（1972）在其著作《生命的起源》中进一步阐述了生命的双重性质，既是个体又是集体，并列举了生命作为开放系统的五个基本要素：秩序、能量、分离、自我维持和进化。

生命科学观点与认识论的交汇带来了理论意义上的重大突破。20 世纪 80 年代，生命科学的观点开始广泛渗透到交叉学科，特别是在人工智能领域。人工智能不仅研究已知的生命形态，还探索可能的生命形态（李建会，2004）。这种交叉学科的方法已经被成功应用于复杂社会经济系统和生态环境系统的研究，如数字生态系统和智能预警系统。

随着对生命体的深入研究，人们逐渐认识到城市与生命体在多个方面（如复杂性、自组织和主体性）具有相似性。将城市与生命体联系起来，有助于加深和拓展对城市复杂现象的理解。埃罗·沙里宁在1934年首次提出了"城市有机体理论"，强调城市作为一个生命体具有新陈代谢、动态演化和统一整体的特性（Saarinen，1945）。1965年，国际现代建筑协会（CIAM）将议题确定为"组织的流动性——建筑和城市规划的变化和成长"，会议进一步明确了城市作为一个复杂有机体的特性，并指出机械主义无法适应城市的复杂性。"城市有机体理论"强调了城市内部的关联性和由此形成的城市整体运转及其外部表现。此后，人们经常把城市与生物有机体进行类比，开始运用生命的基本特征来诠释城市现象。

20世纪70年代，复杂科学的崛起为城市研究带来了新的视角和方法，为城市研究领域带来了重大突破。Berry（1976）首次提出了"城市生命周期"的概念，详细探讨了城市生长与衰退的周期性过程。该理论将城市的发展划分为四个主要阶段：快速增长、成熟、衰退和复兴，为预测和理解城市的动态变化提供了有力的理论支持。

20世纪90年代，复杂性理论开始广泛应用于城市研究。Girardet（1999）在其著作《创造可持续发展的城市》中将现代城市比喻为颇似蜂巢的超级有机体。Girardet强调现代城市是一个高度复杂和自组织的系统，具备与其他复杂系统相似的运行逻辑，各个子系统能够在一系列尺度上实现嵌套。这一观点进一步凸显了城市系统的生命性质。

在2010年上海世界博览会的规划中，吴志强教授将整个园区视为一个微缩的城市生命体，并在全生命周期内应用生态技术（吴志强和干靓，2009）。姜仁荣和刘成明（2015）在对相关文献进行综合分析后，进一步明确了城市生命体的定义。他们认为，城市生命体是一个在特定地理范围内，以非农业人口为主体，高度集聚人口、经济、政治和文化的复杂巨系统。该系统具有新陈代谢、自适应、应激性、生长和遗传变异等生命特性。表1-1总结了城市生命体的发展历程与特征。

表1-1 城市生命体发展历程与特征

发展阶段	时间	发展特征	主要内容
初始探索期	19世纪30年代之前	将早期城市与生命体进行类比探讨，城市研究处于初步认识生命和自然的阶段	受古代世界观影响
观念转变期	19世纪30年代至20世纪中期	自然科学的快速发展引领科学观念变革	以机械主义和还原主义为主导
概念导入期	20世纪中期至70年代	人们逐渐认识到城市与生命体在多个方面具有相似性，有机城市理论得到发展	提出有机论，强调生命体的等级和自我调节特性，提出将城市看作生命体的有机城市理论，并进一步强调城市的复杂性和动态演化
复杂科学萌芽期	20世纪70~80年代	复杂科学为城市生命体研究提供新视角	提出"城市生命周期"概念，探讨城市的生长与衰退周期性过程
交叉学科融合期	20世纪80~90年代	生命科学的观点开始广泛渗透到交叉学科，推动多学科研究方法的革新	以人工智能领域为代表的多学科融合研究
复杂性理论应用期	20世纪90年代至21世纪初	复杂性理论广泛应用于城市生命体研究	将现代城市比喻为超级有机体，强调城市作为高度复杂和自组织系统
全面整合与应用期	21世纪初至今	城市被广泛认识为具有生命特性的复杂巨系统	对城市生命体特性进行深入探讨和应用，强调城市的新陈代谢、自适应、应激性、生长和遗传变异等生命特性

城市生命体是一个由多个子系统组合而成的复杂整体。这些子系统既保持各自的独立

性，同时也在内部形成无数有机连接。城市生命体涵盖了物质（如环境、建筑和土地）和非物质（如政治、经济和文化）两个不可或缺的维度。城市生命体展现了生命体的基础属性。人类是城市生命体的核心要素。人的参与让城市得以形成、发展和不断演变。作为一个历史概念，城市生命体具备时间和空间动态性的特质。城市生命体的这些本质使城市与生命建立起了概念上的联系。

城市生命体与生物体在多个生命特性上具有相似性，这些特性包括但不限于新陈代谢、自适应、应激性生长以及遗传变异（姜仁荣和刘成明，2015）。这些特性不仅为城市规划提供了理论支持，而且为前沿科技在城市规划中的应用提供了实践基础。这些技术，如大数据、云计算、移动互联网和人工智能等，需要与城市生命体的演化趋势保持一致，以便在城市规划和管理中充分发挥潜能。城市生命体特征及其实现方式见表 1-2。

表 1-2　城市生命体特征及其实现方式

生命体特征	主要内容	实现方式
新陈代谢	能量流动	基础设施系统、能源系统
	物质循环	交通运输系统、环境保护与资源管理系统、废物处理系统
	信息传递	通信网络、信息管理系统
自适应	政府机制	社会服务与公共管理系统
	公众参与	经济与产业系统
应激性	预防警报机制	通信网络、城市监测系统
	应急响应机制	应急救援系统、公共安全管理系统
	医疗救援机制	医疗卫生系统
生长和发育	功能与空间结构变化	城市规划系统、土地利用系统
	人口流动与社会组织	人口管理系统、社会组织系统
组织功能多样性	组织多样性	城市管理系统
	功能多样性	经济与产业系统、公共服务系统
遗传	文化传承	文化系统
	资源禀赋	生活系统
变异	城市更新	经济与产业系统

（1）新陈代谢。城市物质代谢系统主要包括交通运输、物流、生态以及废物处理系统。这些系统确保了城市的正常运作，使各种物质能够在城市中流动和循环。

（2）自适应。城市生命体通过政府和公众的双重机制来适应多种外部和内部环境因素。

（3）应激性。应激性是城市生命体对突发变化的感知和反应机制，因此，安防、消防和疾病防治系统构成了城市应激响应的关键组成部分。

（4）生长和发育。城市的生长和发育是一个从无序到有序、量变到质变的过程。在这个过程中，城市生命体逐渐形成了完整的组织结构和功能。这一过程具有非线性、自组织和螺旋上升的特点，并受到其自身条件和自组织规律的制约。

（5）组织功能多样性。组织功能多样性主要表现为空间扩展和结构优化多样性，包括交通、社会、经济和人口等方面。功能多样性则涉及社会（如居住、卫生、政治）、经济

（如工业、商业）和文教（如教育、文化、娱乐）等多个方面。

（6）遗传和变异。这个特性通常受到核心异质因素，即城市禀赋（如地理位置、自然资源等）和城市文化的影响（宋永昌等，2000；王如松，1988；Huang，2012）。

城市生命体具有新陈代谢、自适应、应激性、生长和发育、遗传和变异等典型生命特征，跟生物体有相通之处（表1-3）。例如，城市生命体也有新陈代谢规律，而且随着城市人口规模的增加，城市将产生集聚效应，其社会经济产值、疾病发生率、犯罪率、基础设施数量等，也随着人口规模变化而按接近1.15的超线性指数比例放大，而城市的人均基础设施则等比例减少。

表1-3　生物体与城市的特征比较

生命特征	新陈代谢	自适应	应激性	生长和发育	遗传和变异
生物体	与环境交换物质能量	改变自身特征适应环境	快速反映外界刺激	有生命周期，产生量变和质变	遗传保持稳定，变异推进物种演进
城市	与环境交换物质和信息	调整自身属性适应环境	快速反映内外环境变化	从无到有，完善功能，也会衰退	延续城市文化，调整功能适应发展

城市生命体在结构上也和生物体类似，其内部组织具有复杂的组分关系和清晰的层级结构。从细胞单元、城市生命体组织单元、城市生命体子系统，到城市生命体，有序且相互关联的层级结构保证了城市生命体的生长。城市复杂系统可按照研究需要划分层级关系。最小层级的细胞单元按照研究目的而定，可以是建筑物或者社区。组织单元可以是居住社区、工业园区、商业服务区、娱乐休闲区和生态功能区等区域，而上一层级的子系统则包括土地、交通、人口、环境、经济、能源、历史文化、生态、基础设施、建成环境以及信息技术等系统（姜仁荣，2012）。

与生物体的生长周期相似，城市生命周期大致经历三个主要阶段：出生阶段、成长阶段和衰老阶段。在这一过程中，城市持续进行自我优化和变革，以更好地适应外界环境的挑战并满足其内部的多元需求。为了维持其生命活动，城市内部的各个互相关联的子系统需要与外界进行资源的获取与交换。这些子系统，包括交通、人口、经济、能源、产业、土地利用和环境等，都拥有特定的功能和属性。更为重要的是，这些子系统在城市整体框架内形成了一种有机的相互作用和反馈机制。这些子系统之间的内生性问题，如交互影响和相互依赖，在城市复杂系统研究中已得到深入的探讨和阐释。因此，为了深入理解城市的发展，必须将其视为一个整体的生命体，考虑其在不同生命周期阶段的特点和需求，协调不同阶段城市发展的诸多关系要素。

1.2.3　系统相互作用理论

城市融合了自然、社会和人工环境的多重要素，本质上是一个开放的、与外部环境持续交互的系统。城市不仅聚焦于能量、物质和信息的集结与积累，还是人口、权利、文化和财富在地理空间上的集中点。城市与其所处的自然、社会和技术环境时刻产生互动，这种互动关系使得城市不仅是一个容器，更是一个形态和结构不断变化的"核反应堆"（埃德加·莫兰，2001）。当外部资源如能量、物质和信息源源不断地流入城市系统时，它会激发城市内部各个子系统的动态响应,产生新的能量和信息,并向外界传递。城市的规模越大,内部与外部系统的关联互馈就越频繁,这种关联互馈的强度被视为衡量城市生命力的关键指标之一。

城市系统内部的非线性关系是城市子系统关联互馈机制的核心,对城市的未来发展具有决定性的影响。城市结构可以被划分为多个子系统,这些子系统又可以进一步细分,展现出明显的层次结构。一般来说,城市系统呈现出一种层层嵌套的特性,包括串行的树状结构和横向的网络状结构(周干峙,2009)。这些子系统都是基于人类活动和意识构建的社会系统,构成了一个特殊的城市复杂巨系统。在城市的各个层次和子系统中,它们并不是孤立存在的,而是形成了一个互相关联、相互依赖的完整体系。每个部分都代表了城市的某一特性,这些子系统之间相互联系、相互作用,对城市系统的健康发展起着至关重要的作用。

例如,城市自然系统为经济和基础设施子系统提供了必要的物质条件,但同时自然资源的有限性和环境问题也可能限制社会子系统的持续发展。再如,经济子系统的增长为自然环境的维护、社会就业的提升和基础设施的更新提供了资金和技术支持。这些子系统在多个层次上相互交织,共同构成了城市的复杂性。城市的各个层次系统及子系统之间的相互联系和包容性构成了一个系统整体,每一个子系统、每一个层次、每一个关联都代表着城市的某一方面,共同构成了一个由多个子系统复合而成的复杂巨系统。

子系统间的相互联系与反馈机制是城市复杂系统研究领域中的核心方面。子系统相关理论强调,城市内部的各个子系统并非独立运作,而是在一个相互依赖和影响的网络中共同发挥作用。深入探讨这些子系统间的联系,有助于揭示城市的内部运行逻辑,从而为城市的规划和管理决策提供科学依据。

与城市子系统的关联互馈相关的主要理论包括城市复合生态系统理论、耦合系统理论以及城市自组织理论这三大理论。

1. 城市复合生态系统理论

城市复合生态系统理论的核心在于强调生态结构合理配置的重要性,这涉及城市生态物质与社会学的多种因素,如变异性、层次性、和谐性和逻辑性。该理论的核心目标是整合与生态系统相关的子系统,包括系统结构整合(涉及生物链的能量流动、物质循环和环境物理与化学因素),过程整合(涵盖生物物种的能量传递、信息交流、平衡反馈、生态演替和社会经济过程的稳定性),以及功能整合(关注城市的生产、流通、消费、再生和调控功能的效率与和谐度)。该理论认为,城市社会、经济、自然三个子系统交织在一起,在城市发展中不断地实现关联互馈、信息交换,从而形成和推动城市复合体的复杂矛盾运动(王如松,2000)。

城市复合生态系统理论的独特之处在于其综合了整体论和还原论、定量分析与定性分析、客观评估与主观认知,以及宏观、中观和微观的需求协调。此外,它还考虑了区域竞争潜能与整体系统的相互依赖、资源与能源信息的综合平衡和调配,以及共生和再生能力的循环。这一理论为生态城市规划的目标体系制定提供了全新的思考角度,为经济、健康和文明的三维整合提供了科学、人文和技术三位一体的统一框架。

2. 耦合系统理论

1945年，贝塔朗菲（Bertalanffy）在《一般系统论》中首次阐述了系统论的观点，描述系统为由多种要素构成的有机整体，强调要素间、要素与系统之间，以及系统与其上层系统之间的三重关系（Bertalanffy，1968）。系统论的核心在于全面考察系统整体与其组成部分、系统与其外部环境之间的互动和相互制约。

耦合系统理论进一步发展了系统论的观点，认为当两个子系统之间存在内在联系、物质和能量的异质性，以及子系统间的耦合路径时，这些子系统可以通过物质、能量和信息的交换形成一个更高级别的功能体（Shprits et al.，2006）。耦合系统能够克服原有系统的不足，实现更稳定的发展，但如果两个子系统不能协同发展，则耦合系统可能进入不利于其稳定发展的状态（任继周等，1995）。

耦合系统理论认为复合系统由多个独立的子系统组成，各系统间存在相互作用。复合系统不是子系统的简单叠加，而是子系统的复合。生态-社会-经济系统是一个典型的复合系统，其中生态子系统、社会子系统和经济子系统间存在复杂的耦合关系。复合系统内部既有子系统间的协同，也有竞争。子系统间的协同与竞争构成了复合系统的有机整体，是其发展的必要前提。协同作用的大小决定了复合系统整体性功能的强弱，协同作用强则整体性功能强，系统呈现协调状态，反之，则呈现不协调状态。

城市空间系统的划分根据系统的特性和研究需要存在多种方式。一般而言，城市空间系统由人类子系统和自然子系统构成，其中人类子系统由社会和经济两个二级子系统构成，自然子系统由自然环境和自然资源两个二级子系统构成。

3. 城市自组织理论

城市系统的自组织特性在学术界受到了广泛的关注。特拉维夫大学的波图戈里（Portugali）是该领域的杰出代表。他在《自组织与城市》一书中深入探讨了这一主题（Portugali，1999）。波图戈里强调，自组织描述的是系统在没有外部干预的情况下，自主地形成内部结构的能力，这是开放复杂系统的核心特征。这种自组织过程呈现出非线性、不稳定性、分形结构以及混沌等独特特点。进一步地，陈彦光（2003）总结这些研究并归纳出7种自组织城市的类型，包括耗散结构城市、协同城市、混沌城市、分形城市、元胞自动机城市、沙堆城市以及FACS和IRN城市。

具体来说，耗散结构城市基于普里戈金的耗散结构理论（Prigogine and Lefever，1973），由艾伦·威尔逊（Alan Wilson）（Wilson，1970）及其团队深化，专注于形成城市中心地及其等级结构。协同城市探索城市中各个组成部分的相互作用，强调整个城市系统的协同效应（Weidlich，1999）。混沌城市则根据混沌理论，描述城市作为复杂自组织系统的动态演化过程（Kiel and Elliott，1997）。分形城市侧重于城市形态和结构的自相似规律，通过分形理论来理解城市的自组织特性（Mandelbrot and Wheeler，1983）。近年来，分形城市已经成为自组织城市研究中最为活跃的子领域之一。城乡交界地带和旧城区的改造已经成为城市研究的主要焦点（陆华和朱晓华，1999）。分形理论为这些研究领域提供了有力的理论支撑。元胞自动机城市最初由纽曼（von Neumann）等学者于20世纪中叶提出，后在20世纪60年代被引入地理学领域，其主要利用元胞自动机（CA）理论模拟城市结构和形态的演变，强调局部规则如何产生复杂的全局行为。沙堆城市模型基于自组织临界性理论，探讨城市规模分布的稳定性和不稳定性之间的关系。FACS 和 IRN 城市模型则提出了在两种不同层次的两个自组织子系统共同形成具有内、外两种表示的单一网络，展现城市作为一个动态系统个体与整体间的相互影响。这些自组织城市类型共同提供了一个多维度的视角，用以理解和分析城市的复杂动态及其演化过程。

　　这些理论提供了一种视角，帮助城市规划者和相关政府部门识别和利用城市系统内部的相互作用和反馈机制，从而在更广泛的层面上促进城市的可持续发展和整体福祉。通过理解城市系统的内部联系和外部互动，可以更好地把握城市的发展脉络，制定更加科学和人性化的城市发展策略，从而有效应对未来的挑战，并促进城市的可持续发展。

参 考 文 献

埃德加·莫兰. 2001. 复杂思想：自觉的科学. 陈一壮译. 北京：北京大学出版社.

陈彦光. 2003. 自组织与自组织城市. 城市规划，（10）：17-22.

高晓路. 2021. 中国城市问题. 北京：科学出版社.

国务院第七次全国人口普查领导小组办公室. 2021. 2020年第七次全国人口普查主要数据. 北京：中国统计出版社.

姜仁荣. 2012. 城市发展单元整体开发模式研究. 特区经济，11：176-178.

姜仁荣，刘成明. 2015. 城市生命体的概念和理论研究. 现代城市研究，（4）：112-117.

赖世刚. 2019. 复杂城市系统规划理论架构. 城市文化，26（5）：9-12.

李建会. 2004. 走向计算主义：数字时代人工创造生命的哲学. 北京：中国书籍出版社.

陆华，朱晓华. 1999. 分形理论及其在城市地理学中的应用和展望. 南京师大学报（自然科学版），（2）：110-116.

潘铭. 2013. 浅谈雾霾对人体健康的影响. 微量元素与健康研究，（5）：65-66.

乔恩·怀特. 2020. 改变人类历史的自然灾害. 张顺生，朱敬译. 北京：中国画报出版社.

任继周，贺达汉，王宁，等. 1995. 荒漠-绿洲草地农业系统的耦合与模型. 草业学报，（2）：11-19.

宋永昌，由文辉，王祥荣. 2000. 城市生态学. 上海：华东师范大学出版社.

孙斌栋，付钰，古荟欢. 2023. 城市生命周期理论：过去、现在与未来. 地理科学进展，42（9）：1841-1852.

王如松. 1988. 高效·和谐：城市生态调控原则和方法. 长沙：湖南教育出版社.

王如松. 2000. 转型期城市生态学前沿研究进展. 生态学报，20（5）：830-840.

王子平. 1998. 灾害社会学. 长沙：湖南人民出版社.

吴志强，干靓. 2009. 上海世博会的生态规划设计. 城市与区域规划研究，2（1）：57-68.

张清勇. 2007. 中国城镇居民的住房支付能力：1991—2005. 财贸经济，（4）：6.

钟磊. 2007. 廉租房实施效果评估研究——以北京市广渠门小区为例. 北京：中国人民大学.

周干峙. 2009. 城市及其区域——一个典型的开放的复杂巨系统. 城市轨道交通研究，12（12）：1-3.

周加来. 2004. "城市病"的界定、规律与防治. 中国城市经济，（2）：4.

周建高. 2015. 城市化如何与汽车社会兼容. 城市学刊，36（3）：55-60.

Albert R, Barabási A L. 2002. Statistical mechanics of complex networks. Reviews of Modern Physics, 74 (1): 47.

Allen P M. 1997. Cities and regions as evolutionary, complex systems. Geographical Systems, 4: 103-130.

Bak P. 1996. The discovery of self-organized criticality//How Nature Works: The Science of Self-organized Criticality. New York: Springer.

Barabási A L, Albert R. 1999. Emergence of scaling in random networks. Science, 286 (5439): 509-512.

Batty M. 2003. Agent-based pedestrian modelling. Environment and Planning B: Planning and Design, 28: 321-326.

Batty M, Longley P A. 1994. Fractal Cities: A Geometry of Form and Function. Pittsburgh: Academic Press.

Berry B J L. 1976. Urbanization and Counterurbanization. California: SAGE Publications.

Bertalanffy L V. 1968. General System Theory: Foundations, Development, Applications. New York: G.Braziller.

Bettencourt L M, Lobo J, Helbing D, et al. 2007. Growth, innovation, scaling, and the pace of life in cities. Proceedings of the National Academy of Sciences, 104 (17): 7301-7306.

Button K J. 1976. Urban Economics: Theory and Policy. London: Palgrave Macmillan.

Chen Q, Bridges R A. 2017. Automated Behavioral Analysis of Malware: A Case Study of Wannacry Ransomware. Canaun, Mexico: Paper Presented at the 2017 16th IEEE International Conference on Machine Learning and Applications (ICMLA) .

Decker E H, Elliott S, Smith F A, et al. 2000. Energy and material flow through the urban ecosystem. Annual Review of Energy and the Environment, 25 (1): 685-740.

Ebenezer H. 1965. Garden Cities of Tomorrow. Cambridge: MIT Press.

Eliando E, Purnomo Y. 2022. LockBit 2.0 Ransomware: Analysis of infection, persistence, prevention mechanism. CogITo Smart Journal, 8 (1): 232-243.

Gibrat R.1931.Les Inégalités Économiques. Paris: Librairie du Recueil Sirey.

Girardet H. 1999. Creating Sustainable Cities. Totnes, Devon: Green Books for the Schumacher Society.

Haken H. 1969. Exact stationary solution of a Fokker-Planck equation for multimode laser action including phase locking. Zeitschrift für Physik A Hadrons and Nuclei, 219: 246-268.

Haken H. 1987. Information and self-organization: A macroscopic approach to complex systems. Physica Scripta, 35 (3): 247.

Holland J, Wesley M A. 1995. Hidden Order: How Adaptation Builds Complexity. Cambridge: MIT Press.

Huang L. 2012. Mixed land use for urban development: Models and strategies. Tropical Geography, 32 (4): 402-408.

Keosian J. 1972. The origin of life problem: A brief critique//Rohlfing D L, Oparin A I. Molecular Evolution: Prebiological and Biological. New York: Elsevier: 9-21.

Kiel L D, Elliott E. 1997. Chaos Theory in the Social Sciences: Foundations and Applications. Ann Arbor, MI: University of Michigan Press.

Lai Y N, Zhang X L. 2016. Redevelopment of industrial sites in the Chinese 'villages in the city': An empirical study of Shenzhen. Journal of Cleaner Production 134: 70-77.

Lorenz E N. 1969. The predictability of a flow which possesses many scales of motion. Tellus, 21 (3): 289-307.

Mandelbrot B B, Wheeler J A. 1983. The fractal geometry of nature. American Journal of Physics, 51 (3): 286-287.

Park R E, Burgess E W. 2019. The City. Chicago: University of Chicago Press.

Portugali J. 1999. Self-organization and the City. Heidelberg: Springer Science and Business Media.

Portugali J. 2011. Complexity, Cognition and the City. New York: Springer.

Pred A, Kuklinski A. 1977. Urbanisation, Domestic Planning Problems and Swedish Geographic Research. New York: De Gruyter Mouton.

Prigogine I. 1978. Time, structure, and fluctuations. Science, 201: 777-785.

Prigogine I, Lefever R. 1973. Theory of dissipative structures//Haken H. Synergetics. Wiesbaden: Vieweg+

Teubner Verlag: 124-135.

Saarinen E. 1945. The city: Its growth, its decay, its future. The Journal of Aesthetics and Art Criticism, 3 (11-12): 87-88.

Sassen S. 2016. Global Networks, Linked Cities. London: Routledge.

Schrödinger E. 1944. What is Life? The Physical Aspect of the Living Cell and Mind. Cambridge: University Press Cambridge.

Shprits Y Y, Thorne R M, Friedel R, et al. 2006. Outward radial diffusion driven by losses at magnetopause. Journal of Geophysical Research: Space Physics, 111: A11214.

Simon H A. 1955. A behavioral model of rational choice. The Quarterly Journal of Economics, 69 (1): 99-118.

Von Bertalanffy L. 1972. The history and status of general systems theory. Academy of Management Journal, 15 (4): 407-426.

Watts D J. 2004. Small Worlds: The Dynamics of Networks between Order and Randomness. Princeton: Princeton University Press.

Weidlich W. 1999. From fast to slow processes in the evolution of urban and regional settlement structures. Discrete Dynamics in Nature and Society, (3): 137-147.

Wilson A G. 1970. Entropy in Urban and Regional Modelling. London: Routledge.

Zhong Y, Zhou J, Bi H. 2019. Assessment on mercury pollution in vegetable soil in rural Guangzhou and its ecological and human health risk. Chinese Journal of Public Health, 35 (7): 904-906.

第 2 章
城市生命体运行模拟
预测技术进展

近年来，社会各界广泛关注数智化技术，对城市复杂性的探索日益深入，旨在通过科学预测城市未来发展趋势，有效应对和解决城市面临的诸多问题，从而提升城市治理的效能和水平。本章分析了城市生命体运行的风险点，回顾了城市生命体运行预测预警技术的发展，阐明了研发城市生命体运行预测与智能预警技术的科学价值与实践意义，并介绍了本书研究的总体思路和基本内容。

2.1　城市系统模型的理论进展

根据模型理论原理不同，可将城市系统模型划分为空间相互作用模型、数学规划模型、随机效用模型、空间投入产出模型四类。

2.1.1　空间相互作用模型

这类模型的核心思想是将社会经济活动在空间中的流动类比为物体之间的相互作用力：

$$F_{ij} = kM_i M_j f\left(C_{ij}\right) \tag{2-1}$$

式中，F_{ij} 表示城市内 i 点与 j 点之间的空间相互作用次数；M_i 和 M_j 分别表示 i 点与 j 点的活动水平；$f\left(C_{ij}\right)$ 为两地之间的阻抗函数；k 为比例系数。这类模型最初可追溯于 Lowry 模型，其基本假设是，由就业地点决定居住地点，随后居民人口产生服务需求，从而决定了服务业就业的地点；服务业就业的家庭随后需要住房，从而产生新的居民，这一推理循环持续进行，直至不再产生额外的服务业就业或家庭为止，可以说就业地点的位置决定了模型的结果。该模型通过量化空间相互作用与距离之间的关系，利用区域经济、就业和交通数据进行空间分配，从而预测土地利用变化的发展趋势。

应用最广泛的空间相互作用模型是交通和土地利用综合软件包（integrated transportation and land use package，ITLUP）（Oryani and Harris，1996），是由 Putman 开发的，是第一个考虑了土地、人口、就业、交通集成的系统模型，由分散住宅分配模型（DRAM）、就业分配模型（EMPAL）和交通分配模型组成。它使用 Lowry 派生形式来分配家庭（通常按四种收入类别）、就业（通常按四种类型）和出行模式（公共模式和私人模式），仍属于空间相互作用模型（Hunt et al.，2005），其公式为

$$E_{j,t}^R = \lambda^R \left[\sum_i P_{i,t-1} A_{i,t-1}^R W_{j,t-1}^R f^R\left(c_{ij,t}\right) \right] + \left(1 - \lambda^R\right) E_{j,t-1}^R \tag{2-2}$$

$$N_{i,t}^n = \sum_j \left(\sum_R a_{R_n} E_{j,t}^R \right) \left[\frac{W_{i,t}^n f^n\left(c_{ij,t}\right)}{\sum_i W_{i,t}^n f^n\left(c_{ij,t}\right)} \right] \tag{2-3}$$

式中，$E_{j,t}^R$ 为 t 时间内区域 j 中第 R 类行业的就业总量；$P_{i,t-1}$ 和 $A_{i,t-1}^R$ 分别为 $t-1$ 时间内区域 i 中居住家庭的数量和调整参数；$W_{j,t-1}^R$ 和 $E_{j,t-1}^R$ 分别为 $t-1$ 时间内区域 j 中第 R 类行业的出行吸引量以及就业数量；$f^R\left(c_{ij,t}\right)$ 和 $f^n\left(c_{ij,t}\right)$ 分别为 t 时间内第 R 类行业出行者和第 n 类收入水平

出行者从区域 i 到区域 j 的出行成本函数；λ^R 为经验参数；$N_{i,t}^n$ 为 t 时间内区域 i 中第 n 类收入水平的居住家庭数量；a_{R_n} 为第 R 类行业就业数量与第 n 类收入水平家庭的区域相关系数；$W_{i,t}^n$ 为 t 时间内区域 i 的交通出行吸引量。ITLUP 模型通过 EMPAL 和 DRAM 实现了就业量和家人数量的分布预测，并与交通需求预测模型建立了互相反馈的机制，通过修改交通政策带来的变化也会反馈到土地利用之中。

空间相互作用模型用函数表达地点之间的通行次数，并基于研究目的进行灵活修正，广泛应用于许多场景。但该模型对交通与土地利用之间的相互作用过程并不明确，仅以人口、就业、用地等静态指标刻画交通与土地利用系统之间的关系，无法反映市场机制或者非交通设施变化所产生的影响（Iacono et al.，2011）。

2.1.2　数学规划模型

数学规划模型通过建立目标函数及约束条件，产生决策者的最优分配方案，以实现最大化收益或最小化成本，从而优化空间结构。该类模型的重点是预测未来结果而不是复制当前情况，能够回答可达性与效率等交通规划领域中的关键问题，公式表示为（Moekel et al.，2003）

$$\min F(x), \text{s.t.} g_j(x) \geq b_j \ (j = 1, 2, \cdots, j) \tag{2-4}$$

式中，$F(x)$ 为规划边界的限制函数；$g_j(x)$ 为约束条件；b_j 为临界值。其中，代表性的模型是土地使用优化系统（POLIS）模型，该模型假设每个家庭追求最大化利益，从而作出空间位置选择的行为，通过剩余价值理论、效用理论以及熵最大化理论来找到规划的高效结构，表达式为

$$
\begin{aligned}
\max Z\left(T_{ijm}, S_{ij}^k, \Delta E_j^n, \Delta H_i\right) = & -\frac{1}{\beta} \sum_{ijm}\left[\ln\left(1 / W_i \sum_m W_{ijm}\right) - 1\right] \\
& -\frac{1}{\lambda} \sum_{ijm} T_{ijm} \ln T_{ijm} - \sum_{ijm} T_{ijm} C_{ijm}^w \\
& -\sum_{k \in k_{\text{ser}}}\left(1 / \beta_k^s\right) \sum_{ij} S_{ij}^k [\ln\left(S_{ij}^k / W_j^k\right) - 1] \\
& -\sum_{ijk} S_{ij}^k C_{ij}^k + \sum_{i, n \in k_{\text{bas}}} f_i^n \Delta E_i^n
\end{aligned} \tag{2-5}
$$

式中，T_{ijm} 表示区域 i 到区域 j 采用 m 类出行方式的交通出行量；S_{ij}^k 表示在 k 种零售或服务的交通出行量；ΔE_j^n 表示 n 类劳动人口分配到区域 j 中的工作岗位数量；ΔH_i 表示在区域 i 中新增的居住人口；W_i 和 W_j^k 分别表示区域 i 的居住吸引力和区域 j 的服务吸引力参数；β、λ、β_k^s 为需要估计的参数；W_{ijm} 为区域 i 到区域 j 采用 m 类出行方式的权重；C_{ijm}^w 为区域 i 到区域 j 采用 m 类交通方式的出行成本；ΔE_i^n 为区域 i 中新增的 n 类劳动人口分配到该区域的数量；C_{ij}^k 为 k 种零售或服务设施从区域 i 到区域 j 的交通成本；f_i^n 为区域 i 的就业吸引力。

数学规划模型有助于解释给定区域内决策者的最佳分配（Dickey and Najafi，1973），

这类模型的主要目的是在成本最小化或效益最大化的框架下找到一个高效的城市结构，从而模拟就业、居住以及交通流的分布。早期的数学规划模型使用了线性或非线性优化程序，后来在此基础上出现了综合模型。综合模型将交通分配模型整合到空间互动的框架中，突显了交通与土地利用之间的相互响应。这类模型的优点是具有简单的数学形式，但这类模型很少考虑位置的独特特征，不一定考虑给定研究区域的经验特性。此外，这类模型未能表示个体决策过程，难以解决个体决策者行为的困难。

2.1.3　随机效用模型

随机效用模型从关注决策者效用最大化的角度，解释了交通与土地利用之间的关系。该模型解释了位置特征和消费者行为之间的联系，但由于消费者对位置的偏好并非完全可观测，因此引入了随机元素，以考虑这些未观测到的属性。在大多数随机效用模型的应用中，可行的备选方案会涉及多个维度，然而在多维的情况下可行选择集并不总是明确定义的。为了解决这一问题，采用了多项logit回归分析的方式假设个体同时对多维问题作出出行决策，模型表达式为

$$P_k = \frac{\exp\left[V_k\left(X_k\right)\right]}{\sum\limits_k \exp\left[V_k\left(X_k\right)\right]} \tag{2-6}$$

式中，P_k 表示个体选择 k 行为的概率；$V_k\left(X_k\right)$ 表示选项 k 可测属性 X_k 表征的可观测效用函数。这类模型的代表是 METROSIM 模型，这是由美国 Alex Anas 基于经济发展角度开发的城市模拟模型，该模型通过调整房地产市场、劳动力市场、就业分布和交通分布四个模块的相关参数，使得就业、居住和商业之间达到平衡稳定的状态，最终生成土地利用与交通流协调的城市。该模型在美国芝加哥和纽约作为案例地进行了应用，能够得到通勤交通与非通勤交通流的分配（Anas and Arnott，1991）。

随机效用模型以个体决策者的效用最大化为基础，表达了交通与土地利用之间的关系。早期的模型主要集中在理论框架的基础上，采用多项逻辑回归方法，有效地反映了交通与土地利用之间关系的本质。然而，这类模型对数据的需求较为严格，其模型的可变性相对较低，这制约了其在政策评估方面的广泛应用。

2.1.4　空间投入产出模型

空间投入产出模型是在 Leontief 的经济学的投入-产出理论基础上引入空间维度开发的一种模型。该模型从空间的角度描述土地利用随时间发生的变化，具有较强的时序性。该模型以空间投入产出矩阵为核心，侧重分析不同区域之间的经济联系和资源流动情况，展示区域之间的产业依存关系和资源配置的空间分布。其基本假设是价格和收入水平对投入产出系数存在弹性影响，同时通过模型估算区域间的生产和消费需求，以此分析区域流动的平衡状态和经济活动在空间上的分布，并结合不同目的交通需求生成交通流分布。

模型中的随机效用表达式为

$$X_{ij}^{mn} = Y_i^m a_i^{mn} \min\left(K_n^j + C_{ij}^n + e_j^n\right) \tag{2-7}$$

式中，X_{ij}^{mn} 为区域 i 中 m 部门对区域 j 中生产产品 n 的需求数量；Y_i^m 为最终需求量，并假定所有地区都有可能生产出满足该需求的产品；a_i^{mn} 为需要满足区域 i 中 m 部门所需要的产品 n 的技术系数；K_n^j 为区域 j 生产产品 n 所需要的成本；C_{ij}^n 为产品 n 在区域 i 和 j 之间的交通成本；e_j^n 为区域 j 生产产品 n 的生产者剩余。随后模型对个体进行集计，通过总体决策效用函数构成多项逻辑回归模型。由此可将以消费和生产为目的的城市活动转化为交通流分布。空间投入产出模型的代表应用是由英国学者 Marcial Echenique 在 20 世纪 70 年代开发的经济规划模型（model of economic plan，MEPLAN）和委内瑞拉学者 Tomas de la Barra 在 20 世纪 80 年代开发的交通与土地利用系统（transportation and land use system，TRANUS）。

总体而言，以城市交通与土地利用一体化模型为代表的城市系统模型已经实现了对部分城市子系统间相互作用的抽象化。随着多智能体和元胞自动机等研究方法的深入，以及多尺度、长时序的基础数据的获取，传统的城市系统模型正在进行由静态到动态、由自上而下到自下而上的转变（赵鹏军和万婕，2020）。城市系统模型能够为城市系统中空间政策、经济政策所带来的影响提供量化、可视化的结果，从根源上对城市复杂系统进行剖析并解决"城市病"。在我国，新的规划体系、新技术以及新数据为城市模型提供了新的发展机遇，但目前仍缺少整合多场景、时空动态于一体的城市模型，需要建立起大尺度、多要素、集合性的模拟平台与定量评价方式。

2.2　城市系统模型的应用平台技术进展

城市系统模型应用平台技术的研发过程可总结为四个重要发展阶段，包括理论萌芽期（20 世纪 60～70 年代）开始，到模型发展期（20 世纪 80 年代）、软件应用期（20 世纪 90 年代至 21 世纪初），最终进入了高速发展期（21 世纪 10 年代至今）。近年来，城市系统模型的应用平台技术研发呈现新的发展趋势。第一，高性能计算的快速发展极大地提升了平台效率，使其能够更加高效地处理大规模城市数据与复杂模型。第二，高精度数据的广泛应用使城市系统模型的预测尺度更加精细，进一步提升了模拟预测结果的准确性与实用性。第三，多学科交叉的推动使得城市系统模拟预测平台的应用场景更加多样化，增强了模型的应用价值和实际影响力。先后出现了如 QUANT、UrbanSim、Urban Footprint、ILUTE 和 Community Viz 等较为成熟的应用平台。

当前城市系统模型的应用平台技术的研发工作仍存在局限性（表 2-1）。一方面，多数仿真模拟方法还停留在单一领域的在线模拟或多领域的离线模拟，限制了模拟的准确性和效率，并可能导致信息孤岛现象。另一方面，尽管部分成熟平台具备系统仿真和短期预测功能，然而在城市系统的智能预警方面，其基础理论、方法体系和高性能平台等还需进一步完善。

表 2-1 国内外城市系统模型应用平台

模型名称	模型功能	是否具备预测功能	是否具备预警功能	开发团队	投入使用时间
QUANT	模拟与英国城市交通网络相关的人口、就业和旅行成本变化的影响	是	否	伦敦大学学院 Michael Batty 团队	2021 年
UrbanSim	以城市发展过程中的主要部门（家庭、商业、开发者、政府等）为研究对象，以年为单位，进行短期到长期的精准动态化仿真	是，主要预测各种政策情景下房地产开发、人口统计和相关结果的长期模式	否	美国华盛顿大学 Paul Waddel 团队	2012 年
Urban Footprint	分析土地利用、交通、水资源管理、能源使用、碳排放和公共卫生等多个方面	是，主要预测人类活动对生态和经济的影响	否	新城市主义大会的创始成员 Peter Calthorpe 领导创办	2014 年
Community Viz	实现城市分析，对住房、交通、环境、经济、可持续性等方面进行动态分析和区域建模等	是	否	City Explained 公司与得克萨斯农工大学	2003 年
MATSim	可以在给定的交通网络上，模拟在一整天的时长内大量出行个体的出行及活动行为	是，预测群体的交通出行行为	是，可以进行交通拥堵预警	瑞士苏黎世联邦理工学院 Kai Nagel 教授团队	2019 年
UNA 工具箱	评估城市规划决策对城市形态、环境、社会和经济的长期影响。还支持模拟城市增长和发展，包括住宅、商业和工业用地的分布	否	否	麻省理工学院 City Form Lab	2015 年
ILUTE	模拟人群活动/旅行、城市经济、汽车拥有量、人口统计、排放/能源使用	是	否	加拿大多伦多大学 Paul Salvini 团队	1998 年
LEAM	协调复杂的区域规划活动，旨在模拟由于替代政策和开发决策，模拟的未来土地利用变化，助力区域发展、决策支持和政策制定	否	否	美国伊利诺伊大学 LEAM Lab	2009 年

2.3 城市系统模型的国内技术进展

2.3.1 我国城市数字化治理平台的进展

目前，我国城市数字化治理平台技术以数字孪生和可视化展现为主，但在城市生命体运行模拟与预测方面仍显不足。

城市数字化治理平台主要有几方面特征（表2-2）。首先，这些平台是对城市现状事实的展现与数字化展示，缺乏城市运行预测功能。其次，这些平台侧重于城市的单一子系统的可视化与统计分析，缺乏对各个要素之间相互联系与相互反馈效果的计算与预测，难以反映城市问题的多方面原因，难以满足"缓解多龙治水"、提升城市治理的多部门统筹协调的决策需求。再次，大数据分析算法趋于简单化，仅进行基本的时间、空间和属性层面的统计分析。最后，大多数现有软件和平台主要处于"风险判别"阶段，侧重于对城市现状的评价和数据可视化分析，而缺乏对未来的预测、预判和预警。

表 2-2　国内的城市数字化治理平台

模型名称	模型功能	是否具备预警功能	是否具备预测功能	开发团队	投入使用时间	是否具备城市要素间互馈计算功能	是否具备对优化方案进行实时调整检验的功能
WeCity 未来城市	智慧城市超级大脑规模化建设，构建新基建数字底座，打造一体化融合引擎，辅助政务服务升级	否	否	腾讯研究院、腾讯云	2019年	否	否
阿里云城市大脑	打造以全面感知为核心的城市治理数据底盘，搭建场景化应用体系，建立数据驱动的城市管理新模式，提升城市治理智能化和精细化水平	否	否	阿里云	2016年	否	否
城市运营指挥中心（IOC）	城市运行状态感知、城市资源统一调度、突发事件全景式指挥，提升城市应急处置能力	否	否	华为云	2018年	否	否
ThingJS-X 智慧城市解决方案	聚焦城市的3D地图，搭建带有3D建筑的三维城市场景，面向物联网的三维可视化展示	否	否	优锘科技	2018年	否	否

　　城市政策制定的需求正在向多维度变化发展。城市模型需要从过去对单一尺度、单一问题、单一主体的聚焦转向跨尺度、多维度的考量。同时，城市模型还需要考虑未来发展的不确定性，从精确化城市评估、模拟、预测逐步转向城市多系统智能预警，为城市发展政策制定提供系统性、动态化的解决方案。当前"城市病"治理的弊端（图2-1）具体包括以下几个方面。

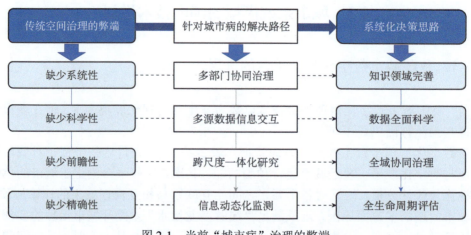

图 2-1　当前"城市病"治理的弊端

第一，缺乏全局系统思维。传统的城市空间治理往往采用片面而孤立的、就事论事解决问题的方法和碎片化的工作方式，很少协同联动各个业务部门，"头疼医头脚疼医脚"。在很多情况下，政府部门在应对"城市病"问题时，往往只关注单一问题，而忽视了其他相关问题的解决。这导致各项政策之间缺乏协同，甚至可能产生负面效应。而且，各层规划行政体系往往依照不同的规划依据进行决策，制定出的规划缺少全局统筹，也导致衔接矛盾。例如，为解决交通拥堵问题修建了大量道路，却未考虑到此举可能加剧城市扩张和土地资源紧张等问题。面对越来越复杂的城市系统，单一业务部门难以从根本上清除"城市病"。因此，对"城市病"的监测、诊断、治疗需要统筹考虑，要从以单一职能部门为主的解决方案向多部门协同解决的思路转换。

第二，城市规划的科学性不足。科学的城市规划需要综合考虑城市地理、社会、经济、环境等多个方面的因素。相关机构往往难以获取全面的、实时的城市空间数据，也缺乏前沿的、合理的计算模型，在辅助制定政策时缺乏足够的信息支持，决策的科学性和准确性受到影响。例如，城市公共服务设施往往是以未来人口规模预测为依据的，但是预测结果过高或者过低，导致公共服务建设供需失衡。

第三，城市规划在实践中往往过于关注短期利益，而忽视了长远发展，这主要体现在土地利用规划、交通规划、城市基础设施建设等方面。为了满足短期内的经济增长或财政收入，城市规划者可能会过度开发土地资源，忽视了长期的生态保护和可持续发展的需要。在城市发展的初期，为了吸引投资和居民，可能会过度投资于基础设施，而忽视了长期维护和更新的需要。这可能导致基础设施老化、破损严重，需要大量的后期投入进行维修和改造。为了缓解短期的交通拥堵问题，之前的城市治理也会采取大量开展道路建设等治标不治本的方法。

第四，以往城市空间治理效果的评估和反馈方面存在反馈机制不完善、数据采集困难和评估指标不全面的问题。首先，缺乏有效的反馈机制导致治理措施的实施效果不能及时得到反馈，难以及时发现和纠正治理过程中的问题和对治理措施进行及时的调整和优化。其次，评估用的相关数据的采集难度较大，数据的准确性和可靠性也难以保证，这给评估工作带来了很大的困难。最后，传统的城市空间治理主要关注短期的指标，如经济增长、土地利用效率等，缺乏对环境质量、社会公平、文化传承等方面指标的全面评估，导致不能准确反映治理效果的实际情况。

2.3.2　我国当前"体检"式的城市生命体运行诊断的短板

当前我国对于城市生命体运行的诊断以城市"体检"方式为主，该方式基于已经发生的事实，对比城市发展与规划目标，进行诊断。城市"体检"式的城市生命体运行评估来自住房和城乡建设部的"城市体检"和自然资源部的"城市体检评估"。

2021年，自然资源部发布"城市体检评估"政策，旨在健全实时监测、定期评估、动态维护制度，明确从制定工作方案到成果应用的体检评估工作流程。该政策以建设安全韧性、绿色低碳、开放协调、创新智慧、包容共享和独具魅力的美好城市为目标，强调将解决实际问题作为国土空间规划的基本要求，依法依规，统一底图、标准、规划和平台，依托国土空间基础信息平台确保评估的真实性、规范性和权威性。由城市政府组织，市自然资源部门牵头，融入日常管理，实现常态化"一年一体检、五年一评估"的城市体检评估机制。城市体检分为年度体检和五年评估。年度体检聚焦年度规划实施中的关键变量、核心任务和问题难点，体现常态化的动态性监测。五年评估报告则更为全面和深入。城市体检评估指标分为安全、创新、协调、绿色、开放和共享6个一级领域，涵盖23个二级分类和33项基本指标。

住房和城乡建设部在2023年发布了《关于全面开展城市体检工作的指导意见》，旨在地级及以上城市全面推进城市体检工作，有效治理"城市病"，并有序推动城市更新行动的实施。根据该指导意见，城市体检应坚持以问题为导向，聚焦民众关切的问题，细化城市体检单元，从住房到小区（社区）、街区、城区（城市）等多个层面，深入查找群众反映强烈的难点、堵点、痛点问题。同时，设定城市体检指标近百项，覆盖住房、社区、街区、城区等多个维度，进行全方位、全维度的精细化体检，以揭示不同空间层级的城市建设问题。此外，该指导意见还强调，开展城市体检工作要坚持城市政府的主导地位，建立以住房和城乡建设部门为牵头单位，各相关部门、区、街道和社区共同参与，第三方专业团队负责的工作机制。这一机制旨在确保城市体检工作的全面性和有效性，为实现城市可持续发展提供有力支撑。2023年，住房和城乡建设部在天津等10座城市试点完善城市体检体系和创新体检方法。2024年3月17日《新闻联播》报道，297个地级及以上城市启动城市体检，236个城市成立领导小组，115个城市部署完成，204个城市制定方案。

当前城市"体检"式的城市生命体运行诊断方法与技术存在诸多不足。首先是其所诊断的结果局限于对过去既定事实的"检讨"，没有对城市生命体运行的未来趋势作出预测、预警、预演和预判，导致其无法判断政策和规划的未来预期结果，在指导规划与政策的进一步优化上显得缺乏科学性；其次，"体检"为主的城市运行诊断侧重结果，对城市运行问题的成因机制无法量化解析，难以精准判别是哪些因素、以何种方式影响了城市运行问题，导致其"检讨"结论在用来制定政策完善和规划改进时，难以为针对性强和靶向性高的精准改善方案提供支撑，存在政策误差的风险；再次，现有的"体检"侧重于某个部门的单项指标，难以反映城市系统复杂性所造成的各个指标之间的相互关联和相互作用的客观事实，导致其诊断结果存在"以偏概全"的问题，在决策上难以缓解当前城市治理的各个部门难协调的"多龙治水"困境；最后，现有的"体检"式城市运行评估局限于发现问题，难以用来对改进方案的效果进行预测评估，进而无法支撑优化方案的实时动态调整，无法实现"发现问题—提出规划方案—方案实时评估—方案动态调整"的优化方案制定的全链条技术环节。

参 考 文 献

赵鹏军，万婕. 2020. 城市交通与土地利用一体化模型的核心算法进展及技术创新. 地球信息科学学报，22：13.

Anas A, Arnott R. 1991. Dynamic housing market equilibrium with taste heterogeneity, idiosyncratic perfect foresight, and stock conversions. Journal of Housing Economics, 1 (1): 2-32.

Dickey J W, Najafi F T. 1973. Regional land use schemes generated by TOPAZ. Regional Studies, 7 (4): 373-386.

Hunt J D, Kriger D S, Miller E, et al. 2005. Current operational urban land-use-transport modelling frameworks: A review. Transport Reviews, 25 (3): 329-376.

Iacono M, Levinson D, El-Geneidy A. 2011. Models of transportation and land use change: A guide to the territory. Working Papers, 22: 323-340.

Moekel R, Spiekermann K, Schürmann C, et al. 2003. Microsimulation of land use. International Journal of Urban Sciences, 7: 14-31.

Oryani K, Harris B. 1996. Review of Land Use Models and Recommended Model for DVRPC. Philadelphia, PA: Delaware Valley Regional Planning Commission.

第 3 章

CitySPS 城市生命体运行预测与智慧预警技术体系

CitySPS 城市生命体运行预测与智慧预警技术（CitySPS_SPSW）是依托博雅智城·CitySPS 平台及其城市计算平台——城市计算引擎（CitySPS_UCE）开发的城市生命体运行预测预警技术。本章首先介绍 CitySPS 城市系统模型的架构和平台系统，然后介绍城市计算引擎，最后介绍城市生命体运行预测与预警技术的开发与平台。

3.1　CitySPS城市系统模型架构

CitySPS 城市系统模拟预测技术统筹考虑城市子系统自身演化规律与子系统间交互影响作用，构建动态计量算法。如图3-1所示，城市系统统筹纳入人口、就业、房地产、土地、交通等要素，构建包含城市用地模拟与演变、人口与就业分布、房地产价格、交通需求、交通方式分担与路径分配五个子系统，对城市子系统构建模拟预测模型，弥补已有模型覆盖城市要素不足的问题。模型设置连接各子模块的核心变量，将某些子模块的输出变量作为其他子模块的输入变量，其他子模块的输出变量又作为某些子模块的下一期输入变量，实现了对城市要素互联反馈机制以及子模块间影响的时间滞后效应的模拟。进一步地，将机器学习算法嵌入机理模型的混合模型范式有助于提高复杂城市规律挖掘的深度和城市生长演化机理模型的有效性。

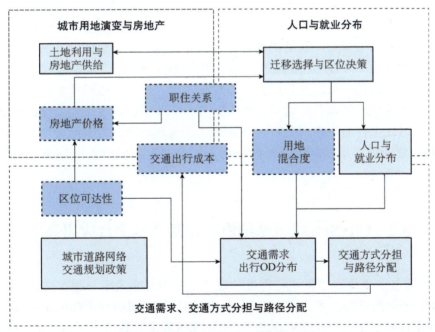

图 3-1　CitySPS城市系统模型原理图

出行OD指出行起止点间交通出行量

该模型以土地-交通交互框架、居住和就业选择理论、竞租理论、出行行为理论和交通流理论等为基础，厘清城市子系统的相互作用与传导关系，构建城市生长的因果链和反馈环，并确定子系统及关键计量变量。

　　城市用地模拟与演变模块综合考虑了坡度、耕地红线与生态保护红线、用地结构以及建设用地计划供应量等政策约束下的城市土地利用转变。人口与就业分布模块模拟居民的迁移选择和区位决策，以形成对人口与就业分布的预测，人口就业总量与结构可作为外生输入条件，直接输入或由外接的区域人口经济模块预测。房地产价格模块量化职住关系、土地利用、区位可达性对于房价的影响，从而预测房价走势。交通需求模块综合考虑在交通基础设施、交通管制政策下的居民出行行为决策，预测城市交通需求，并在交通方式分担与路径分配模块进一步模拟居民出行方式以及出行流量分配。

　　该模型的关键在于各子模块之间的连接变量。这些变量在模型中起到了"桥梁"的作用，将各个子系统有机地串联起来。通过设置合理的连接变量，模型能够模拟城市要素之间的互联反馈机制，以及子模块间相互影响的时滞效应。例如，区位可达性是典型的连接变量。区位可达性用以衡量两地理单元间的联系和交通往来便捷程度，影响城市土地利用和交通系统的互动作用，进而影响城市人口与经济活动分布。城市土地利用是交通出行需求产生的根源，也是城市交通系统空间布局的基础，在一定程度上塑造了交通结构，决定了城市区位的可达性。而交通系统对土地利用和城市发展具有引导作用，通过改变区位可达性可以重塑城市人口与经济活动分布，刺激新的土地开发，并再次开始土地利用与交通系统相互影响的循环。区位可达性在土地利用与交通系统的互动作用中发挥着核心作用（赵鹏军和万婕，2020）。

　　该模型的关键连接变量还包括房地产价格、用地混合度、职住关系、交通出行成本等。用地混合度显著影响交通出行的频率、距离、时间、方式选择等特征。该模型将用地混合度作为系统模型的内生变量，既是居民居住与就业区位选择、交通出行决策的影响因素，又是城市用地与房地产开发结果的输出变量，从而形成子系统之间的反馈联系。职住关系系数表示某一区域内就业岗位数与居住人口数量之比，作为区域职住关系的衡量指标，对居民居住和就业区位选择以及交通出行产生影响。交通出行成本作为出行成本最小化的目标，不仅决定居民出行的生成、分布、方式与路径选择，还影响居民居住与就业地区位的决策和交通规划管理方案的制定，进而作用于土地开发与城市人口分布，影响整个城市系统。

3.2　CitySPS 城市系统模拟预测技术平台应用系统

　　CitySPS 城市生命体运行预测与智慧预警技术是由北京大学赵鹏军团队开发的博雅智城·CitySPS 平台的重要技术内容（赵鹏军，2023）。博雅智城·CitySPS 技术平台应用系统包括城市计算引擎（CitySPS_UCE）、CitySPS 城市智慧决策平台（CitySPS_SaaS 平台）以及 CitySPS 城市数据服务平台（CitySPS_DaaS 平台），如图3-2所示。

　　其中，城市计算引擎（CitySPS_UCE）基于城市科学、地理学、物理学和经济学等理论，利用大数据、云计算和人工智能等技术，对城市复杂系统进行全系统、实时高性能量化计算、模拟与预测，精确计算城市各系统核心要素。这些要素包括城市人口总量与时空分布、用地规模与土地功能演变、房屋存量增量及供需态势、产业空间结构与发展趋势、城市交通路径与个人出行链和公共服务设施供需匹配关系等，实现了对人、地、房、产、路、公服的全覆盖计算。其具备城市系统量化解析以及决策量化表达能力，可支撑城市系统计算大脑的运行，实现赋能城市智慧决策，可嵌入各类智慧城市与城市信息模型（CIM）平台，是智慧城市建设发展到系统化智慧决策阶段的重要支撑技术。

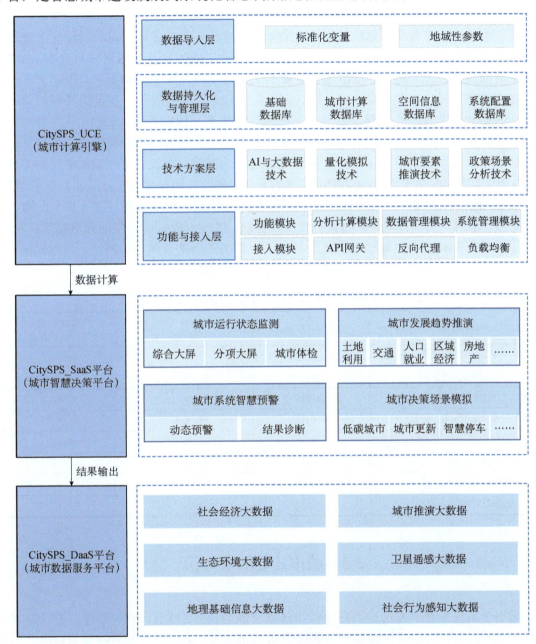

图 3-2　博雅智城·CitySPS 技术平台构架

在空间上，博雅智城·CitySPS 平台应用系统的空间单元具有跨尺度特征。从复杂自适应系统的层级视角出发，构建以网格为基本研究单元，向街道、区县以及城市尺度逐级推进的系统模型空间层级体系，建立兼顾宏观经济社会预测和微观个体决策模拟的子模型。CitySPS 城市系统模型基于手机信令数据、交通调查数据、实地测量数据等提取城市人口及就业分布和迁移数据、OD 对和交通出行链等大数据，提高了输入数据的空间分辨率。加之各子模块的高精度模拟预测技术，使得模型可以实现路段级交通系统精细预测。在城市土地利用上，该模型可以实现 250m 栅格级的土地利用模拟，并可逐级向街道、区县以及城市尺度集计。

在时间上，该平台应用系统具有高度的动态兼容性。考虑子系统在时间维度上变化的非同步性，该模型将城市生命体运行过程中各个要素之间的相互作用划分为短期、中期、长期的时滞反馈关系。例如，城市人口就业的变化可以快速影响交通系统，但对于土地部门的反馈较慢，因此在模型设计时，将其余子系统对土地部门的反馈设定为滞后部分周期发生，人口和就业等子系统对交通系统的影响设定为下一周期发生。

该平台应用系统融合了机理模型和机器学习模型，具有较高的预测精度。模型在计量计算构成中，采用机理模型。机理模型主要通过平均绝对百分比误差（MAPE）来衡量精度，对于土地模块，由于对土地功能分类进行预测，采取总体精度和 Kappa 系数衡量精度。机理模型的精度达到80%以上。此外，将机器学习算法嵌入机理模型，在人口、土地、房价、交通需求四个关键模块中，布置机器学习算法，进一步提升了模型的预测精度。表3-1对比了机理模型和四个关键模块优化为机器学习算法之后的预测结果精度，可以看出，机器学习算法的加入，对模型的预测精度有一定的促进作用。

表 3-1　使用机理模型和机器学习模型的预测结果精度比较

预测指标	准确率计算方法	准确率（机理模型）	准确率（机器学习模型）
城市用地功能预测	Kappa 系数	0.77	0.83
城市用地功能预测	总体精度	91.7%	94.1%
居住人口总量预测	1-MAPE	97.9%	99.5%
居住人口分布预测（街道）	1-MAPE	76.4%	80.2%
房地产价格预测（街道）	1-MAPE	87.2%	91.6%
交通需求总量预测	1-MAPE	89.7%	89.7%
交通生成量分布（街道）	1-MAPE	84.7%	89.6%
交通吸引量分布（街道）	1-MAPE	85.9%	90.7%

3.3　城市计算引擎架构

城市全系统平台研发的核心在于城市计算引擎的构建，城市计算引擎通过整合计算机科学、数据科学、城市规划等多学科领域的知识和技术，为城市决策者提供智能化、创新性和前瞻性的城市优化方案。以数据驱动及数智化的城市模拟平台，通过优化配置调控路径，实现对特定场景的决策模拟，辅助决策者打造宜居、绿色的现代城市，实现城市可持续发展的愿景。如图3-3所示，在理想的城市计算引擎构建中，13 个核心部分相互交织、相互支持，构成了一个完整而强大的城市复杂系统模型，包括模型整体结构设计、理论依据、量化方法、数据输入、运行计算机语言、模型有效性检验、决策输入变量、决策输出变量、结果可视化、用户操作界面、计算性能与时长、灵活可再开发性能和应用软件包。

图 3-3　城市计算引擎架构

1. 模型整体结构设计

城市系统的主要子系统由社会经济、人口与就业、用地、交通等组成，城市复杂系统运行的内在机理就是子系统间的相互作用和循环互反馈关系，多元构成要素之间直接的相互作用关系错综复杂（孙小涛等，2016）。城市计算引擎的整体结构设计需要统筹考虑城市子系统自身演化规律与子系统间交互影响作用，模拟和分析城市系统的各种动态行为，使其能够同时处理交通流、人口动态、经济活动等多个方面。模型的结构设计高度模块化，各个模块反映城市系统的一个特定方面，这些模块之间循环互馈，以模拟城市系统的整体动态。例如，土地利用模型中用地混合度显著影响交通出行的频率、距离、时间、方式选择等特征。用地混合度是居民居住与就业区位选择、交通出行决策的影响因素，通过城市用地与房地产开发模型计算，从而形成在子系统之间的反馈联系。城市计算模型还能够根据新的研究和数据进行调整，使其适应不断变化的城市环境和需求。通过这种灵活和综合的结构设计，模型不仅能够提供关于当前城市状态的快照，还能够预测未来的发展趋势。

2. 理论依据

城市计算模型的构建基于多个学科的理论基础，包括新城市科学、社会经济学、地理信息科学和计算机科学等。城市被视为一个动态的复杂巨系统，通过理论、数字机理和模型算法对城市客观发展演变过程进行挖掘，这些理论为模型提供了解释和处理城市问题的框架。城市计算引擎需要综合土地-房价交互理论、居住和就业选择理论、出行行为理论和交通流理论等，解释城市子系统之间的相互作用与循环关系，构建城市生长的因果链与反馈环。在城市规划领域，基于城市空间布局和土地利用的理论，以模拟不同规划选择对城市形态和功能的影响。在社会经济学方面，利用人口居住动态、就业市场和经济增长的理论，以预测城市发展对社会经济条件的影响。此外，计算机科学提供了处理大量数据的模型算法理论，使模型能够高效运行并产生准确结果。这些理论的综合应用使模型具有科学性和可靠性，并能够反映城市系统的真实复杂性。

3. 量化方法

量化方法对于城市计算模型至关重要，是允许模型准确地模拟和预测城市系统各种动态的计算引擎。这些方法包括从基本的统计分析到复杂的预测建模技术。在统计分析方面，模型使用各种描述性和推断性统计方法来理解数据的基本特征和潜在模式。例如，逻辑回归分析方法可以进行概率估计和判定土地的分类问题。在预测建模方面，Markov 模型预测未来用地总体情况，再通过元胞自动机，根据用地整体特征和地类转换规则进行土地类型转化的预测。机器学习和人工智能算法的兴起也为城市计算引擎提供了多种方法，随机森林、卷积神经网络等技术可以处理大量的非线性数据，并从中提取复杂的模式和趋势。例如，机器学习算法 XGBoost 可以探索住房价格和人口就业等特征变量之间的关系，训练回归模型并进行评估和特征重要性分析，不断调整超参数和特征变量对模型进行调优。通过这些量化方法，城市计算引擎能够提供关于城市未来发展的精确预测，为城市规划和未来政策的制定提供科学依据。

4. 数据输入

数据输入是城市计算引擎能够成功预测模拟的关键，模型最终输出数据的质量很大程度上取决于输入数据的质量。城市系统模型需要处理各种来源的数据，包括手机信令数据、互联网公开数据、政府部门数据、抽样调查、基础地理数据等。这些数据类型覆盖了城市的各个方面，如人口就业统计数据、经济指标、交通流量 OD 数据、能源消耗和环境状况等。数据收集过程中强调了数据的准确性、完整性和及时性。因此，理想的城市计算模型需要对输入数据进行标准化处理，包括数据格式标准化、数据存储标准化、数据类别标准化等。这要求模型具有强大的数据处理能力，包括清洗、转换和整合来自不同源的数据，确保数据的一致性和可比性。

5. 运行计算机语言

城市计算引擎的构建需要合适的处理大数据和执行复杂算法的编程语言。Python 是一种开源、面向对象的高级程序设计语言，具有可控性强、开发效率较高和拓展性强等特点，不仅提供了强大的数据处理能力，还有丰富的第三方库和社区支持。Python 的第三方库，如 NumPy 和 Pandas，使得数据处理和分析变得高效和直观。Python 的机器学习库，如 PyTorch 和 TensorFlow，提供了先进的算法与技术。Python 还具有易读性和易用性，使得模型的开发和维护更加方便。除了 Python，B/S 平台的搭建需要使用其他前后端语言来完成特定任务。例如，前端基于 Vue 框架搭建，JavaScript 被用于 Web 端开发用户界面和数据展示，提供丰富的平台功能和良好的用户体验。

6. 模型有效性检验

理想完备的城市计算引擎，不仅应当具有坚实的理论基础和合理的计算模型，还需要对模型进行有效性检验，保证模型的可靠性和可信度。模型的验证过程包括三个主要方面：统计检验、精度检验、动态趋势一致性校验。常见的统计检验有多元回归算法中的 R^2、T 检验，模式划分随机效用模型算法的卡方检验等，在人口就业总量、人口就业分布、交通需求分布等方面，统计检验可以衡量假设条件对观察结果所反映的程度。精度检验是对模型各模块指标的总体精度和空间精度的检验与校核，通常使用绝对误差、相对误差、均方误差、均方根误差等。动态趋势一致性校验适用于具有长短周期预测功能的模型，可以评估模型在长短期的解释力并校验预测结果的合理性。通过这些严格的验证过程，确保模型在各种条件下都能提供准确和可靠的预测。

7. 决策输入变量

在城市计算引擎中，决策输入变量的设定对于模拟城市的动态环境至关重要。这些变量包括兴趣点（POI）数据、新增人口数、交通拥堵税等。POI 数据在城市土地利用类型划分、功能区域识别、用地预测等方面有较大影响。新增人口数的变化直接影响城市的住房需求、交通系统和公共服务系统。通过调整人口增长的预期数值，城市计算引擎能够预测未来的住房压力和交通拥堵情况。交通政策的改变（如改变公共交通收费方式或实施交通拥堵税）会影响道路的交通流量。这些决策输入变量的灵活调整，使模型拥有强大的工具箱系统，能够辅助制定针对未来变化的适应性策略，通过模拟这些策略的实施，能够预测其对城市整体的长期影响。

8. 决策输出变量

城市计算引擎的输出变量提供了一个量化的视角来评估不同决策的影响。这些变量涵盖了从人口就业、土地住房到交通需求、交通流量等多个方面。人口就业相关的指标，如城市住房匹配度、就业岗位总量、就业分布、人口密度等，对于经济政策的制定至关重要。房价分布、城市土地利用分布和用地混合度等指标影响城市的就业区位选择和交通出行决策。交通流量变化、碳排放指标等都是评估城市可持续发展水平的关键指标。通过综合地输出变量指标，城市计算引擎为城市规划者提供了全面的分析框架，辅助理解不同政策选择的潜在影响，从而作出更明智的决策。

9. 结果可视化

数据可视化是将复杂数据转换为以图形、图像等直观、易于理解的形式表达的过程，提高了输出指标的可理解性，增强了用户体验。理想的城市计算引擎需要将数据转换为清晰、直观的图形和图表。图表的可视化主要以直方图、折线图、饼图、散点图等反映复杂数据的统计分布情况，如时间序列折线图展示经济增长、人口变化等随时间的动态趋势。空间可视化以地图为载体，通过二维或三维的形式反映数据的空间分布情况。例如，通过 GIS 地图的空间展示，可以直观显示低碳城市场景碳排放的地理分布。这些可视化方法不仅可以帮助深入理解模型的输出，也使得用户能够直观地感受到城市发展的各种可能性。

10. 用户操作界面

城市系统平台用户操作界面的设计对于城市计算引擎的可用性至关重要。UI 设计需要遵循清晰、简洁和直观的原则，确保用户可以无障碍地访问和操作模型。用户操作界面需要特别重视用户友好性和可访问性，一个直观、易用的界面可以极大地提高用户与模型的交互效率，使得非技术背景的用户也能轻松地理解和使用，对模型进行数据输入、参数调整和结果分析。其中，数据输入要尽量做到简单和便捷，通过操作数据输入界面，用户可以轻松地上传和编辑数据。参数调整使用滑块、下拉菜单和输入框等控件来调整模型的运行参数，如新能源汽车比例、交通拥堵税等，这些设计使得用户能够快速理解和使用模型进行预测模拟。

11. 计算性能与时长

计算性能和处理时长是衡量城市计算引擎能否高效运行的关键指标。城市复杂系统的计算引擎离不开高性能计算框架和高性能计算服务器，运用分布式计算和多机并行处理技术 Hadoop，特别是在进行大规模数据模拟和复杂计算时，模型可以在多个处理器上同时运行，显著减少计算时间。在代码优化方面，使用高级数据结构和算法来优化数据存储和访问，减少内存占用并提高处理速度。在选择第三方库计算方法时，对于大数据量的聚合、循环、矩阵计算，使用底层编译、算法重构等方式降低时间复杂度，减少内存空间，使得大量耗时很久的计算能够快速完成，提升计算性能。通过这些措施，城市计算引擎在保证计算精度的同时，优化了计算的效率和时长。

12. 灵活可再开发性能

城市复杂系统的计算引擎具有灵活性和可再开发性，模型不仅能够适应当前的需求，而且能够轻松应对未来的变化和升级。研究表明，在城市推演预测模型开发时，最具挑战性的维度就是模型的灵活可再开发性能。模块化的设计架构突出了高内聚低耦合的设计优势，使得各个组件都可以独立开发和更新，适应新的科学发现、技术进步和用户需求。城市计算引擎可以基于城市研究最新成果，及时跟进城市发展目标，开发新的城市分析功能模块，提升模型的全面性和实用性。模块化的另一个优点是易于维护。当需要改进模型的某个部分时，仅需单独对该模块进行修改，而不影响其他部分的运行，这样大大降低了维护成本，提高了开发效率。城市计算引擎支持插件功能，用户可以根据自己的特定需求来定制和扩展模型。这种灵活性和可扩展性确保了模型能够持续适应不断变化的研究和应用需求，长期保持其前沿地位和实用价值。

13. 应用软件包

应用软件包是城市计算引擎的重要组成部分，可提供完整的流程使用户能够充分利用模型进行城市要素推演和决策模拟。应用软件包分为 C/S 架构和 B/S 架构，其基于客户端软件和浏览器提供数据输入—模型计算—结果分析的全面功能。数据管理工具对不同输入数据进行数据清洗并存储，支持数据的上传、前置计算、参数校验等，确保城市计算引擎能够顺利运行计算。应用软件包还包括高级分析工具，如空间数据处理，使用户对城市数据进行深入的分析和理解。应用软件包为用户提供了强大的分析和决策支持工具，用户可以轻松地管理和分析大量城市数据，探索不同的城市发展场景。

博雅智城·CitySPS 平台在理想城市计算引擎架构 13 个核心部分的基础上，集成了城市生长演化的地理知识工程技术,是城市系统信息交互和集成建模的高性能计算引擎平台。以三维立体时空数据库、高性能计算数据库、标准化参数数据库等的城市计算数据库为基底,在数据库服务器上部署和运行高性能数据库系统,高效组织系统模型多源异构大数据,采用模块化组织方式,按照"高内聚低耦合"原则对系统模型进行分解重构、原理探索和工程开发。运用大数据分布式存储与管理、并行计算、底层编译等方式实现高性能计算。博雅智城·CitySPS 平台以用户友好性为导向,实现城市计算模拟和场景推演交互的可视化,演绎城市多维动态生长规律,展现城市的时空演变过程。

3.4　CitySPS 城市生命体运行预测与智慧预警技术

依托于 CitySPS 城市系统模型和城市计算引擎,博雅智城·CitySPS 平台搭建了城市生命体运行预测与智慧预警技术,由"监测诊断—模拟预测—评估预警—优化方案"全链条流程组成。如图 3-4 所示,"监测诊断"基于城市运行监测体系对城市系统的运行状态进行全方位监测,并生成相应的监测评估结果;"模拟预测"通过城市计算引擎和城市系统模拟预测模型,对城市各系统的未来发展进行科学预测,揭示潜在的发展趋势和可预见变化;"评估预警"基于城市生命体运行智慧预警指标体系,及时发现城市潜在的问题并进行评估和预警;针对评估结果所发现的城市预警问题,采用"优化方案"制定政策优化方案,对评估方案再次进行预测模拟并最终评估方案的可行性和有效性。城市生命体运行预测与智慧预警技术形成的闭环和迭代全链条流程,增强了城市系统智慧预警的管理预见性和政策适应性。

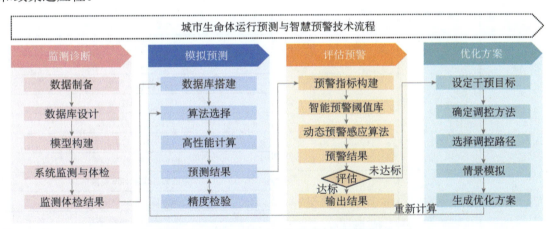

图 3-4　城市生命体运行预测与智慧预警技术

城市生命体运行预测与智慧预警技术的全链条运行主要基于两个评价体系,分别是城市运行监测体系和城市生命体运行智慧预警指标体系。基于《2022 年城市体检指标体系》联合国可持续发展目标等参考,城市运行监测体系包含 84 个运行监测指标,综合分析和评价城市在优化布局、完善功能、提升品质、底线管控、提高效能、转变方式等方面的问题短板,对城市运行系统进行全方位、多角度的监测。

城市运行监测体系由三个层级构成，具体包括目标层、准则层、指标层（表3-2）。目标层指标包括社会宜居、经济高效和生态文明三个顶层分类，从三大维度综合检测城市运行状态。其中，社会宜居目标关注城市居民的福祉和生活质量，经济高效目标强调城市的生产效率和竞争力，生态文明目标则关注城市的可持续发展。准则层指标是城市运行系统监测体系的二级分类，分别选取了获得感、幸福感、包容感、基础设施、创新活力、低碳节能和空间管控七类城市关键运行模块，以进一步发掘城市运行中的关键问题。指标层是城市运行监测体系的三级分类，进一步从城市的生态宜居、健康舒适、安全韧性、交通便捷等方面对城市进行综合监测，包括就业、人口活力、环境质量、道路交通承载水平等17个指标。最后，运行监测指标是最精准的具体监测指标，通过如分类型就业岗位密度、居住密集度、绿地公园服务圈人口覆盖率、全市综合交通碳排放数量等56个具体指标，全方位对城市生命体运行状态进行综合监测。

表 3-2　城市运行监测体系

目标层	准则层	指标层	
		指标类别	运行监测指标
社会宜居	获得感	就业	分类型就业岗位密度
			职住关系系数
		居住	居住人口密度
			居住密集度
			住房价格水平
			城市新增住房与人口匹配度
			居民人均住房面积
		出行	人均机动车保有量
			平均出行时长
			平均出行费用
			平均通勤时长
			平均通勤费用
			居民出行OD分布
			居民出行方式结构
			公共交通出行分担率
			慢行交通出行分担率
	幸福感	公共设施便利度	生活服务设施1km覆盖率
			城市通勤便捷化水平
			公交站点500m覆盖率
		环境舒适度	绿地公园服务圈人口覆盖率
			绿地公园服务圈居住用地覆盖率
		工作辛劳度	平均上班离家时间
			平均下班到家时间
	包容感	交通公平	分组别的出行时间成本
			分组别的出行花费
			分组别的出行综合成本

续表

目标层	准则层	指标层	
		指标类别	运行监测指标
经济高效	基础设施	道路交通设施	道路网密度
			道路交叉口密度
			地铁线路密度
			公交线路密度
			区位可达性
		道路交通承载水平	路段分交通方式的交通流量
			路段交通流量
			高峰出行效率
			交通拥堵指数
		城市雨洪韧性	压力层危险性
			状态层敏感性
			响应层适应性
	创新活力	人口活力	老龄化率
		经济活力	人口抚养比
			少儿抚养比
			老年抚养比
生态文明	低碳节能	绿色出行	绿色出行占比
		低碳环保	全市综合交通碳排放数量
			单位出行人均碳排放
			全市综合交通能耗总量
			单位出行人均能耗
			碳中和指数
		环境质量	绿化覆盖率
			全市综合交通污染物排放量
			城市土地使用可持续性
	空间管控	用地集约	用地类型分布结构
			区域开发强度
			用地混合度
		用地绿色	用地碳排放量
			用地碳汇量

　　基于"运行监测"下的城市运行监测体系的监测结果和"模拟预测"城市系统模拟预测模型计算结果，通过城市生命体运行智慧预警指标体系，对城市运行系统进行"诊断预警"。城市生命体运行智慧预警指标体系包括城市运行基本指标、城市活力指标、交通设施承载力指标、生态环境承载力指标、公共服务设施承载力指标和城市绿色低碳指标六大类预警指标，从人口结构、城市整体交通设施能力、城市内的生态环境、城市公服设施的覆盖水平等方面对城市系统整体运行状况进行诊断预警，对城市发展和规划的政策制定的提供参考意见。如表3-3所示，城市生命体运行智慧预警指标体系搭建预警阈值库，通过整合相关前沿研究和各类官方标准等资料，如《北京城市总体规划（2016年—2035年）》

《首都功能核心区控制性详细规划（街区层面）（2018年—2035年）》、第七次全国人口普查数据等，对各个预警指标进行了预警阈值划分，分为合理、警告和风险3个等级，确保了预警阈值的科学性和全面性，同时保证了数据可读性。

表3-3　城市生命体运行智慧预警指标体系

预警类型	预警名称	对应指标	预警阈值	数值来源
城市运行基本指标	人口承载力预警	总人口规模	合理范围：2200万～2250万人 警告范围：2250万～2300万人 风险范围：其他数值区间	《关于调整城市规模划分标准的通知》和城市总体规划（本章采用《北京城市总体规划（2016年—2035年）》）
	职住分离预警	职住关系系数	合理范围：0.6～1.5 警告范围：0.1～0.6和1.5～10 风险范围：<0.1和>10	已有研究
	职住用地配置失衡预警	职住用地比例	合理范围：>1.37 警告范围：1.2～1.37 风险范围：<1.2	城市总体规划和详细规划（本章采用《北京城市总体规划（2016年—2035年）》和《首都功能核心区控制性详细规划（街区层面）（2018年—2035年）》）
	建设用地规模扩张预警	建设用地规模（全市）	合理范围：≤3670km² 风险范围：>3670km²	城市总体规划（本章采用《北京城市总体规划（2016年—2035年）》）
		建设用地规模（区）	按区单独标定	城市总体规划（本章采用《北京城市总体规划（2016年—2035年）》）
	少儿抚养压力预警	少儿抚养比	合理范围：15.77%～19.77% 风险范围：<15.77%或>19.77%	第七次全国人口普查数据
	老年抚养压力预警	老年抚养比	合理范围：<15.8% 风险范围：≥15.8%	第七次全国人口普查数据
	就业岗位缺乏预警	城镇年新增就业人数	合理范围：≥26万人 风险范围：<26万人	城市统计年鉴
城市活力指标	老龄化预警	老龄化率	合理范围：<10% 警告范围：10%～20% 风险范围：>20%	国际通行的老龄化阶段划分标准
	劳动力增长乏力预警	未成年人比例	合理范围：≥11.9% 风险范围：<11.9%	第七次全国人口普查数据
	人口密集地区预警	市辖区建成区人口密度	合理范围：≤1.2万人/km² 警告范围：1.2万～1.5万人/km² 风险范围：>1.5万人/km²	住房和城乡建设部城市体检指标
	抚养压力预警	城市人口抚养比	合理范围：≤50% 风险范围：>50%	国际对于人口红利期界定标准
	人口超速增长预警	常住人口年均增长量	合理范围：≤22万人 风险范围：>22万人	城市总体规划（本章采用《北京城市总体规划（2016年—2035年）》）
	城市新增住房与人口匹配度预警	城市新增住房与人口匹配度	合理范围：0.7～1.3 警告范围：0.4～0.7或1.3～1.7 风险范围：<0.4或>1.7	已有研究
	城市住房供需冲突预警	住房供需比	合理范围：1～1.5 警告范围：>1.5 风险范围：<1	已有研究
	城市住房支付能力预警	房价收入比	合理范围：<6 警告范围：6～11 风险范围：>11	已有研究

续表

预警类型	预警名称	对应指标	预警阈值	数值来源
交通设施承载力指标	交通出行方式预警	绿色交通出行比例	合理范围：>75% 警告范围：70%~75% 风险范围：<70%	住房和城乡建设部城市体检指标、自然资源部城市体检指标
	长时间通勤预警（按时间测算）	工作日平均通勤时间	合理范围：<45min 警告范围：45~60min 风险范围：>60min	自然资源部城市体检指标和相关研究
	长时间通勤预警（按人口测算）	高峰期通勤45分钟以上人口占比	合理范围：<60% 警告范围：60%~80% 风险范围：>80%	"十四五"规划（本章采用《北京市"十四五"时期重大基础设施发展规划》）
	拥堵预警	建成区高峰期平均机动车速度	合理范围：>30km/h 警告范围：25~30km/h 风险范围：<25km/h	住房和城乡建设部城市体检指标
生态环境承载力指标	生态破坏预警	生态控制区面积占市域面积比例	合理范围：≥75% 风险范围：<75%	城市总体规划（本章采用《北京城市总体规划（2016年—2035年）》）
	森林覆盖减少预警	森林覆盖率	合理范围：≥45% 风险范围：<45%	
	耕地破坏预警	耕地保有量	合理范围：≥166万亩① 风险范围：<166万亩	
	基本农田破坏预警	永久基本农田面积	合理范围：≥150万亩 风险范围：<150万亩	
	土地不可持续预警	城市土地使用可持续性	合理范围：≤1.12 风险范围：>1.12	已有研究
公共服务设施承载力指标	公共交通便捷化水平预警	公交站点/地铁站点的就业人口/居住人口覆盖率	合理范围：≥90% 警告范围：75%~90% 风险范围：<75%	城市总体规划和详细规划（本章采用《首都功能核心区控制性详细规划（街区层面）（2018年—2035年）》和《北京城市总体规划（2016年—2035年）》）
	地铁设施服务水平预警	地铁站点的就业人口/居住人口覆盖率	合理范围：>40% 警告范围：20%~40% 风险范围：<20%	
	公园绿地设施服务水平预警	绿地公园500米服务区内的居住人口覆盖率	合理范围：>80% 警告范围：50%~80% 风险范围：<50%	"十四五"规划（本章采用《北京市"十四五"时期重大基础设施发展规划》）
城市绿色低碳指标	碳排放总量增长预警	碳排放总量	合理范围：当期指标值小于等于上一期指标值 风险范围：当期指标值大于上一期指标值	"十四五"规划（本章采用《北京市"十四五"时期重大基础设施发展规划》）
	建筑碳排放量增长预警	建筑碳排放量		
	用地碳排放量增长预警	用地碳排放量		
	交通碳排放量增长预警	交通碳排放量		
	单位 GDP 碳排放量增长预警	单位 GDP 碳排放量		

通过动态预警感应算法的计算、城市生命体运行智慧预警体系和最终预警输出预警数据，可将诊断结果分为"达标"和"未达标"两种结论。"达标"表示该城市大部分预警指标的空间分布处于"合理"状态，且对比多年份预警结果，城市整体发展趋势呈健康积极状态；而"未达标"表示该城市预警指标的空间分布多处于"警告"或"风险"状态，

---

① 1 亩≈666.7m²。

城市整体发展趋势存在不良发展现象。对于"未达标"的情况,通过"优化方案"步骤,针对诊断出来的重点风险区域和现状设定政策情景、调控目标和综合调控方案,并重新进行 CitySPS 城市生命体运行预测与智慧预警技术"监测诊断—模拟预测—评估预警—优化方案"全链条流程二次计算,直到该项目的诊断预警问题得到解决,达到政策调控目标,完成城市生命体运行预测与智慧预警技术流程闭环。

参 考 文 献

孙小涛,徐建刚,张翔,等. 2016. 基于复杂适应系统理论的城市规划. 生态学报,36(2):463-471.

赵鹏军. 2023. 城市复杂系统模拟技术:CitySPS 平台. 北京:科学出版社.

赵鹏军,万婕. 2020. 城市交通与土地利用一体化模型的核心算法进展及技术创新. 地球信息科学学报,22:13.

第 4 章

城市生命体运行模拟预测：
人口增长与分布

4.1　CitySPS 模拟人口增长与分布的技术原理

博雅智城·CitySPS 平台模拟人口增长与分布的技术包含两部分内容：一是存量人口的居住与就业地选择模型，二是增量人口的居住与就业地分配模型。

存量人口的区位选择模型包括居住和就业两种行为，基于随机效用理论、距离衰减效应和效用最大化原则等，对不同性别、年龄和就业类型的人群分别建模。在分析居住和就业分布的主要影响因素的基础上，构建人口居住与就业随机效用选择模型，模拟和预测并输出城市存量常住人口居住和就业分布格局。构建模型所需的数据来自经济普查数据、手机信令数据、人口普查数据、POI 数据、统计年鉴数据和 OSM 路网数据等，具体包括：年龄、性别、核心用户标签、驻留信息、居住地网格、就业地网格和网格人口数量等。

通过相关性分析等统计方法，综合选取如房价、可达性、建成环境变量、距离等影响居住地和就业地迁移行为效用的主要因子。以基于手机信令数据识别的人口迁居数据为因变量，构建二元逻辑回归模型，公式如式（4-1）所示，从而计算出每两个网格之间人口迁居的发生概率。此外，为了体现各因子对人口迁居影响的滞后效应，对模型解释变量分别加入前一个时点，或是前两个、前 n 个时点的数据进行预测。存量就业分布系统模型同理。

$$P_{i,j} = \frac{1}{1 + \exp(-X_{i,j})} \tag{4-1}$$

式中，$P_{i,j}$ 为从区域 i 向区域 j 进行居住地（或就业地）迁移的概率；$X_{i,j}$ 为迁移行为效用。

增量人口的居住与就业分配模型需要构建常住人口居住吸引力函数和就业吸引力函数，通过不同区域居住吸引力和就业吸引力的相互竞争，寻找增量分配空间，对新增人口的居住和就业分布格局进行构造，预测新增常住人口居住和就业分布格局的形成及演化过程（任智等，2020）。数据来源涵盖手机信令数据、普查数据、卫星遥感数据以及互联网POI 数据等多元化信息渠道。

通过聚类分析、相关性分析和主因子分析等选取如房价、可达性、基础设施和职住关系系数等影响因素。借鉴柯布-道格拉斯生产函数的形式（赵魁君，1994），将居住吸引力视为区域内各类要素投入带来的产出，并计算出某一个区域的吸引力占全部区域吸引力之和的比例，如式（4-2）所示，从而按比例分配新增人口。为了体现各因素对人口居住迁移影响的滞后效应，对模型投入要素增加时间维度，某一区域某一时点的居住吸引力由前一个时点或前若干个时点的解释变量生成。增量就业分布系统模型同理。

$$\rho_i = \frac{Y_i}{\sum_{i \in n}[Y_i]} \tag{4-2}$$

式中，ρ_i 为区域 i 居住吸引力占总量的比例；Y_i 为区域 i 的居住吸引力。

4.2　案例城市的人口就业规模与分布情况

4.2.1　人口总规模与分布

根据 2020 年第七次全国人口普查数据，北京市 2020 年常住人口为 2189.3 万人，人口性别比（以女性为 100，男性对女性的比例）为 104.7，15 岁以下人口占比 11.9%，60 岁以上人口占比 19.6%。

分区来看，如图 4-1 所示，北京市常住人口集中于东南部，其中朝阳区和海淀区常住人口最多，均超过 300 万人；而北部山地各区常住人口较少，大多不超过 50 万人；东城区、西城区虽然位于中心城区，但由于面积较小，常住人口也较少。

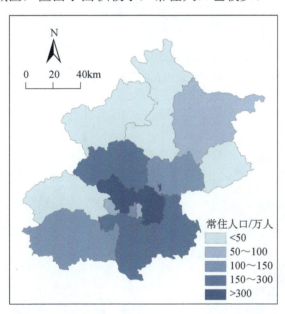

图 4-1　2020 年北京市常住人口分布（区级尺度）

4.2.2　人口结构

北京市各区人口性别比差距较大，如图 4-2 所示，中心六区的人口性别比均小于 100，东城区、西城区小于 95，其余 10 区均大于 100。昌平区、顺义区和大兴区均超过 115，大兴区人口性别比最大，达到 116.4。

如图 4-3 所示，北京市各区老龄化率均在 14% 以上，其中东城区、西城区均超过 25%，东城区老龄化程度最高，60 岁以上老年人占比达到 26.4%。昌平区和大兴区老龄化率最低，不超过 15%，昌平最低，为 14.94%。如图 4-4 所示，北京市各区 15 岁以下人口占比集中于 10%～15%，中心城区外围的区占比较低，丰台区和昌平区都不到 11%，昌平区最低，只有10.4%，而东城区、西城区虽位于城市中心，反而占比最高，西城区为14.3%，东城区为13.9%，排名前二。

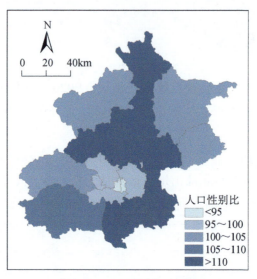

图4-2　2020年北京市人口性别比分布（区级尺度）

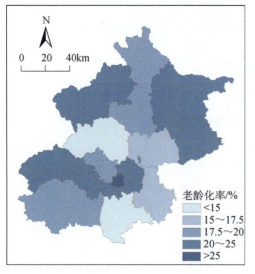

图4-3　2020年北京市老龄化率（区级尺度）

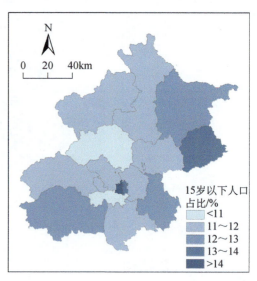

图4-4　2020年北京市15岁以下人口占比（区级尺度）

4.2.3　就业人口分布

如图4-5所示，根据手机信令数据，北京市2020年就业岗位数，朝阳区和海淀区最多，均超过100万个，西城区、昌平区、丰台区、大兴区和通州区在第二梯队，每个区的就业岗位均在75万～100万个，而门头沟、平谷、怀柔和延庆最少，均不足25万个。

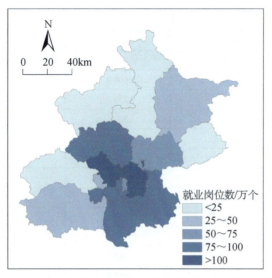

图 4-5　2020 年北京市就业岗位数空间分布（区级尺度）

4.3　人口总规模与分布预测

本节展示 CitySPS 城市计算模拟结果，含北京市常住人口、职住比例、人口抚养比和老龄化率的模型预测结果和空间分布结果。

4.3.1　常住人口总规模、区分布

2020～2035 年，北京市常住人口规模整体上呈现增长趋势。2025 年、2030 年、2035 年北京市常住人口总量将分别达到 2367.3 万人、2364.1 万人、2386.1 万人，整体呈现平稳波动状态，符合全国人口负增长，以及北京市人口轻微波动的数量变化趋势。与 2020 年的 2189.3 万人相比，到 2035 年的增长量为 196.8 万人，2020～2035 年的年平均增长率为 0.58%。相比 2010～2020 年的年平均增长率 1.10%，下降了 0.52 个百分点，表明北京市常住人口的增长速率有所下降。

从城市常住人口的空间分布上来看，2025～2035 年北京市人口分布格局基本保持稳定，人口集中于东南部。2035 年各尺度人口空间分布的预测结果如图 4-6 所示。从区层面来看（表 4-1），各区常住人口数差异较大，朝阳区、海淀区常住人口数最多，均超过了 300万人，总占比接近全市总人口数的 1/3。人口占比较少的门头沟区、延庆区、怀柔区分布在北京的北部与西部。

从街道层面来看，2025～2035 年，226 个街道人口数量增长，90 个减少，其中增长最多的是宋庄镇，中心城区人口呈现明显下降趋势（图 4-7），人口中心向外围扩展趋势明显，人口特征郊区化日益突出。从网格尺度看，北京市常住人口总体呈现中心向四周递减的分布趋势，并且有指状延伸的形态。此外，各个郊区中心街道呈现多点集聚的规律。

表4-1　北京市人口规模预测结果　　　　　（单位：万人）

区域	2020年	2025年	2030年	2035年
东城区	70.9	70.5	70.6	70.4
西城区	110.6	108.4	108.4	108.3
朝阳区	345.2	352.9	352.9	353.6
丰台区	202.0	204.4	204.3	204.7
石景山区	56.8	57.1	57.1	57.1
海淀区	313.3	318.0	318.0	318.4
门头沟区	39.3	46.6	46.5	47.4
房山区	131.3	153.6	153.1	156.2
通州区	184.0	201.8	201.5	203.5
顺义区	132.4	157.4	156.9	160.4
昌平区	226.9	242.1	241.7	244.1
大兴区	199.4	223.4	223.1	225.6
怀柔区	44.1	53.7	53.5	54.8
平谷区	45.7	56.8	56.6	57.8
密云区	52.8	71.4	71.0	73.1
延庆区	34.6	49.2	48.9	50.7

注：2020年为第七次全国人口普查数据。

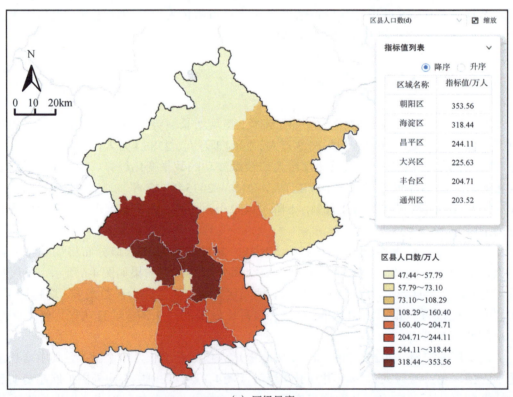

（a）区级尺度

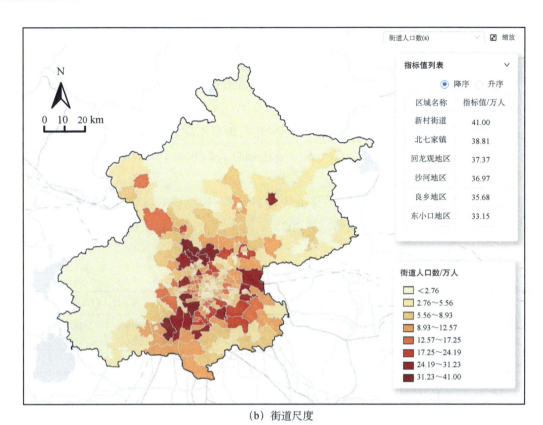

（b）街道尺度

图 4-6　2035 年北京市不同尺度人口规模预测结果

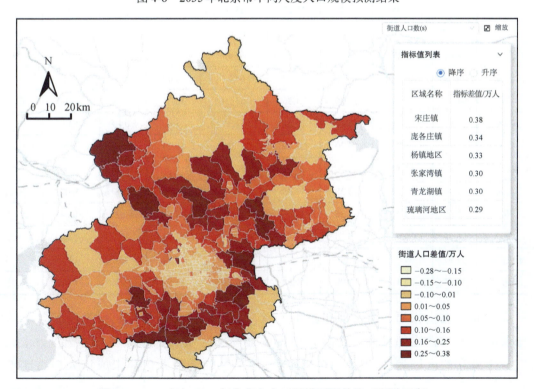

图 4-7　2025 年与 2035 年北京市人口规模预测差值（街道尺度）

4.3.2　人口抚养比与老龄化

人口抚养比指的是非劳动年龄（15岁以下及60岁以上）人口数与劳动年龄（15～60岁）人口数的比值，可以分为少儿抚养比与老年抚养比。人口抚养比越大，表明劳动力的抚养负担越大。同时，人口抚养比也是表征人口红利的重要指标。根据国际人口学会对人口老龄化的定义：一个地区60岁以上老人人口数达到总人口数的10%，或65岁老人人口数占总人口数的7%，即进入老龄化社会。

北京市各年龄阶段的人口预测结果如表4-2所示。根据预测结果，2035年北京市人口抚养比为0.51，老龄化率为19.68%。与2025年相比，人口老龄化程度进一步加深，人口抚养负担增大。

表 4-2　北京市人口结构预测结果

区域	2025年各年龄人口占比/%			2035年各年龄人口占比/%			各年龄人口占比变化/个百分比		
	老龄人口	劳动力人口	未成年人口	老龄人口	劳动力人口	未成年人口	老龄人口	劳动力人口	未成年人口
昌平区	15.24	72.64	12.12	15.28	72.62	12.10	0.04	-0.02	-0.02
朝阳区	20.60	65.96	13.44	20.62	65.92	13.46	0.02	-0.04	0.02
大兴区	15.48	70.64	13.88	15.52	70.61	13.87	0.04	-0.03	-0.01
东城区	27.24	56.71	16.05	27.27	56.64	16.09	0.03	-0.07	0.04
房山区	19.32	65.45	15.23	19.27	65.50	15.23	-0.05	0.05	0
丰台区	23.67	63.50	12.83	23.70	63.45	12.85	0.03	-0.05	0.02
海淀区	18.61	67.47	13.92	18.62	67.46	13.92	0.01	-0.01	0
怀柔区	19.29	66.63	14.08	19.27	66.64	14.09	-0.02	0.01	0.01
门头沟区	21.47	65.19	13.34	21.36	65.29	13.35	-0.11	0.10	0.01
密云区	21.74	63.24	15.02	21.64	63.36	15.00	-0.10	0.12	-0.02
平谷区	22.60	61.20	16.20	22.49	61.25	16.26	-0.11	0.05	0.06
石景山区	24.55	62.17	13.28	24.59	62.12	13.29	0.04	-0.05	0.01
顺义区	17.40	68.82	13.78	17.48	68.75	13.77	0.08	-0.07	-0.01
通州区	17.62	68.02	14.36	17.65	67.98	14.37	0.03	-0.04	0.01
西城区	26.32	57.32	16.36	26.34	57.28	16.38	0.02	-0.04	0.02
延庆区	21.97	64.00	14.03	21.87	64.10	14.03	-0.10	0.10	0
全市	19.67	66.41	13.92	19.68	66.39	13.93	0.01	-0.02	0.01

从空间分布上来看（图4-8和图4-9），北京市中心的东城区、西城区，老龄人口与未成年人口占比都较高，老龄人口占比最高的区域为东城区（27.27%），未成年人口占比最高的区域为西城区（16.38%），昌平区的老龄人口和未成年人口占比均为最低。

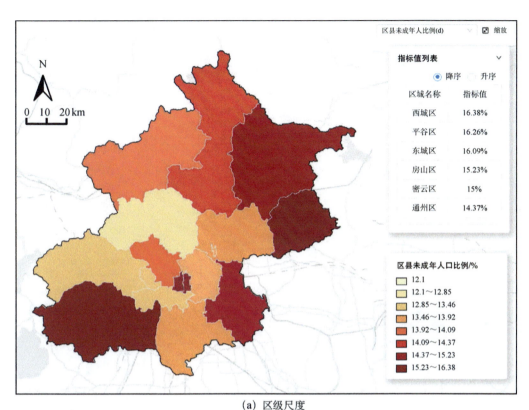

（a）区级尺度

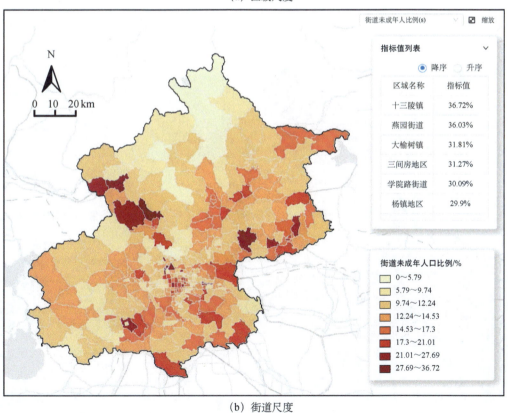

（b）街道尺度

图 4-8　2035 年北京市未成年人口占比空间分布（区级尺度、街道尺度）

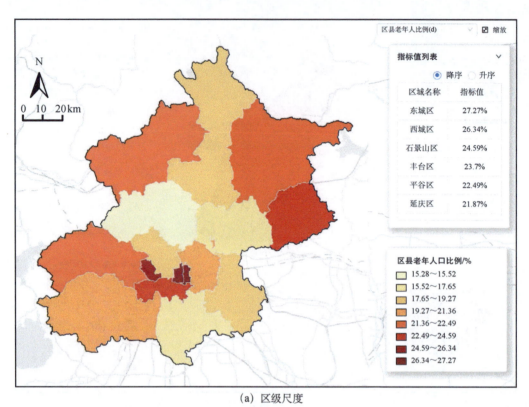

（a）区级尺度

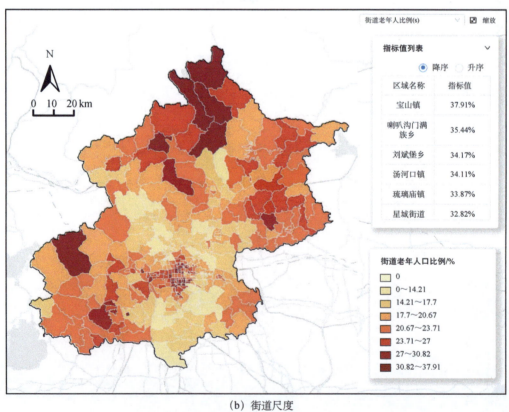

（b）街道尺度

图 4-9　2035 年北京市老龄人口占比空间分布（区级尺度、街道尺度）

常住人口密度的预测结果如图4-10所示，北京市常住人口密度呈现出"梯度递减"的空间结构特征与"单中心−多组团"的分布特征。到2035年，北京市全市常住人口密度为

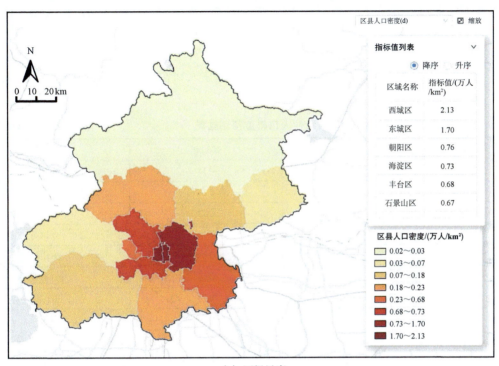

（a）区级尺度

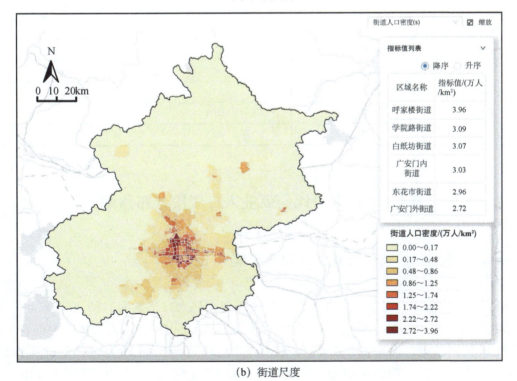

（b）街道尺度

图4-10　常住人口密度空间分布（区级尺度、街道尺度）

0.15万人/km²。从区层面来看，常住人口密度可划分为三个梯度，其中西城区和东城区的常住人口密度最大，分别为2.13万人/km²和1.70万人/km²。朝阳区、海淀区、丰台区、石景山区为第二梯队，常住人口密度在0.67万～0.76万人/km²。其余区的常住人口密度小于等于0.23万人/km²。

与2020年比较（表4-3），北京市全市常住人口密度提升，人口分布趋于优化。常住人口密度较高的东城区、西城区、海淀区等区域常住人口密度下降，外围常住人口密度较低的区域上升。

表4-3　北京市常住人口密度预测结果　　　　　　　（单位：万人/km²）

区域	2020年	2035年	变化值
昌平区	0.16	0.18	0.02
朝阳区	0.77	0.76	−0.01
大兴区	0.19	0.22	0.03
东城区	1.94	1.70	−0.24
房山区	0.07	0.08	0.01
丰台区	0.69	0.68	−0.01
海淀区	0.76	0.73	−0.03
怀柔区	0.02	0.03	0.01
门头沟区	0.03	0.03	0.00
密云区	0.02	0.03	0.01
平谷区	0.05	0.06	0.01
石景山区	0.68	0.67	−0.01
顺义区	0.13	0.16	0.03
通州区	0.19	0.23	0.04
西城区	2.24	2.13	−0.11
延庆区	0.02	0.03	0.01
全市	0.13	0.15	0.02

4.4　职住人口比与就业人口规模分布预测

4.4.1　职住比的变化与就业人口总规模

根据第七次全国人口普查数据，北京市2020年常住人口总量为2189.30万人。平台模拟结果显示，北京市2020年就业人口数为1233.25万人，全市职住比为0.563。根据表4-4和图4-11的预测结果，北京市2035年常住人口总量将达到2386.10万人，就业人口数为1316.12万人，分别比2020年增加196.80万人和82.87万人。2035年全市职住比为0.552，比2020年下降0.011。

表 4-4　2020 年与 2035 年北京市就业人口总量与职住比对比

指标	2020 年	2035 年
常住人口总量/万人	2189.30	2386.10
就业人口总量/万人	1233.25	1316.12
职住比	0.563	0.552

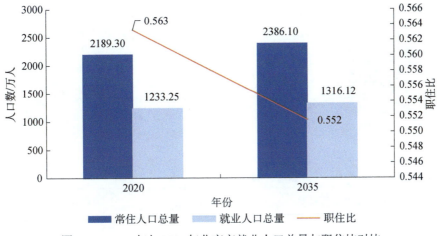

图 4-11　2020 年与 2035 年北京市就业人口总量与职住比对比

4.4.2　就业人口的空间分布

与 2020 年相比，北京市 2035 年各个区的就业人口均有所增加，其中增幅最大的是朝阳区和海淀区，增幅均超过 10 万人，分别为 16.46 万人和 15.48 万人，最少的门头沟不足 1 万人。其中，大兴区在 2035 年总就业人口数将超过 100 万量级，如表 4-5 和图 4-12 所示。

表 4-5　2020 年与 2035 年北京市各区就业人口对比　　（单位：万人）

区	2020 年就业人口	2035 年就业人口	差值
昌平区	76.76	81.91	5.15
朝阳区	244.49	260.95	16.46
大兴区	97.17	103.70	6.53
东城区	70.28	75.01	4.73
房山区	50.00	53.35	3.35
丰台区	88.68	94.65	5.97
海淀区	230.05	245.53	15.48
怀柔区	22.15	23.62	1.47
门头沟区	14.52	15.49	0.97
密云区	26.94	28.73	1.79
平谷区	23.08	24.62	1.54
石景山区	26.82	28.63	1.81
顺义区	67.84	72.41	4.57
通州区	84.20	89.85	5.65
西城区	93.29	99.57	6.28
延庆区	16.97	18.09	1.12

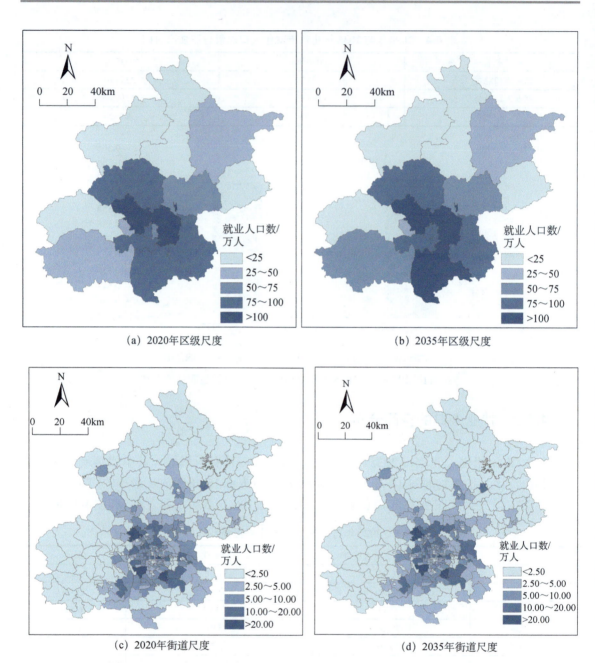

图 4-12　2020 年和 2035 年北京市就业人口分布（区级尺度及街道尺度）

　　在街道层面，预计到 2035 年，西北旺、亦庄、新村、建外、来广营、金融街等街镇将拥有最多的就业岗位数。其中西北旺是海淀区产业重点发展地区，亦庄是北京市重要产业集中地区，金融街则是北京市首都金融功能的承载地区。足见北京市与各区的产业发展战略选择的效果。

4.4.3　中心城区、近郊区与远郊区的就业人口规模与分布

　　北京市中心城区包括东城区、西城区、石景山区、丰台区、朝阳区和海淀区，近郊区

包括大兴区、通州区、顺义区、昌平区、门头沟区和房山区，远郊区包括平谷区、密云区、怀柔区和延庆区。

如表4-6所示，根据预测，北京市中心城区、近郊区和远郊区2035年就业人口数分别达到804.34万人、416.71万人和95.06万人，分别比2020年增加50.71万人、26.22万人和5.93万人。根据职住比的预测结果，2035年北京市就业集中程度加大，中心城区职住比达到0.723，比2020年增加0.037，而近郊区和远郊区分别下降0.026和0.101，职住平衡与交通拥堵或将面临更严峻挑战。

表 4-6　2020 年与 2035 年北京市中心城区、近郊区与远郊区就业人口对比

区域类别	2020年就业人口/万人	2020年职住比	2035年就业人口/万人	2035年职住比
中心城区	753.63	0.686	804.34	0.723
近郊区	390.49	0.428	416.71	0.402
远郊区	89.13	0.503	95.06	0.402

4.4.4　主要就业人口集聚区

如图4-13和图4-14所示，根据模拟预测，北京市2035年就业人口集聚区基本与2020年相似。主要就业人口集聚区为长安街北侧、朝阳CBD、中关村、上地、望京、亦庄和城市副中心。此外，南部的大兴和房山两个区呈现出指状集聚，而北部的昌平、顺义、平谷、密云、怀柔和延庆则呈现点状集聚。

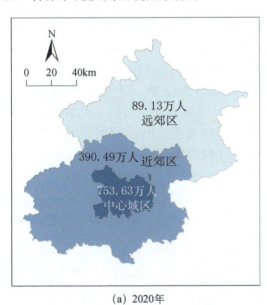
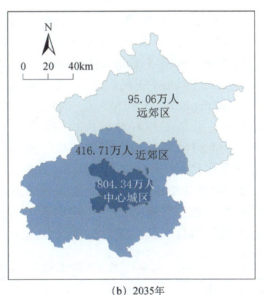

(a) 2020年　　　　　　　　　　　　(b) 2035年

图 4-13　2020 年和 2035 年北京市就业人口分布（组团尺度）

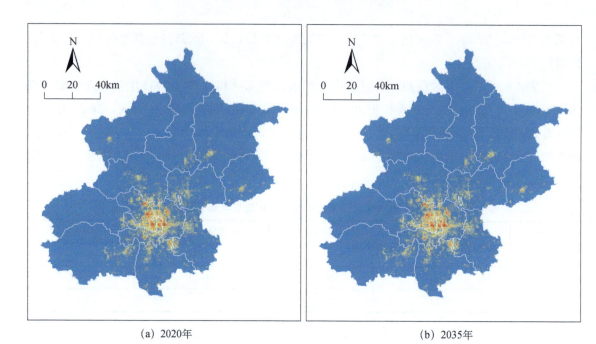

(a) 2020年   (b) 2035年

图4-14　2020年和2035年北京市就业人口分布（网格尺度）

4.5　基于LSTM算法的北京市常住人口数量预测

人口模块使用了线性回归模型进行城市常住人口总量的预测，这是一种可解释的机理模型。除此之外，CitySPS人口就业模块还提供了黑箱模型，即机器学习模型，进行城市常住人口总量的预测。本节以北京市常住人口总量预测模型为例进行介绍。

循环神经网络（recurrent neural network，RNN）是神经网络学习模型的一种，相比于一般的神经网络模型，它对序列数据的处理效果更佳。而长短期记忆（long short-term memory，LSTM）是一种特殊的循环神经网络算法，相比于一般的循环神经网络算法，它能够很好地解决长序列学习过程中的梯度爆炸和梯度消失的问题。人口模块使用LSTM算法进行模型训练，能够实现连续时序的人口预测，并且有一定的长期稳定变化趋势。

表4-7是2020～2030年北京市常住人口LSTM模型和机理模型的预测结果。可以发现，机理模型在起始的几年便出现了大幅增长的问题，而LSTM模型则更好地拟合了起始几年的真实值，并且后续的预测也较为平稳。

表 4-7　北京市常住人口LSTM模型和机理模型预测结果对比　　（单位：万人）

年份	真实值	LSTM模型预测值	机理模型预测值
2020	2189.00	2200.40	2234.73
2021	2188.60	2200.17	2333.15
2022	2184.30	2199.86	2388.83

续表

年份	真实值	LSTM 模型预测值	机理模型预测值
2023	2185.80	2199.17	2415.46
2024	2183.20	2200.44	—
2025	—	2201.47	—
2026	—	2202.22	—
2027	—	2202.78	—
2028	—	2203.33	—
2029	—	2203.52	—
2030	—	2203.66	—

总体而言，与机理模型的预测相比，LSTM模型的预测结果更加平稳，能够体现常住人口总量增长趋于平稳的态势，具有更好的预测效果（图4-15）。

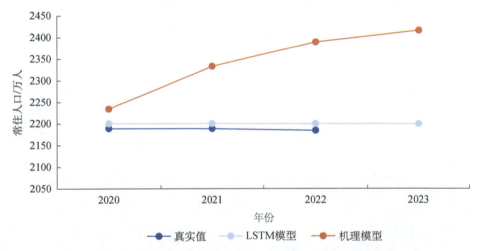

图 4-15　北京市常住人口LSTM模型、机理模型预测值与真实值对比
机理模型是指线性回归模型，用其预测常住人口总量具有较强的可解释性，
即可解释各个自变量对因变量的影响，但容易出现梯度爆炸的问题

4.6　人口分布的诊断与智慧预警

人口分布模块涉及的预警指标涵盖了城市运行基本指标和城市活力指标中的多个指标，本节对北京市2025年和2035年的人口总量预警、人口密度预警和老龄化预警情况进行介绍，分别从城市人口总量和规模、城市人口密度和老龄化率三个指标展开说明。

人口总量预警对城市人口的总体规模和各区的人口分布情况进行预警。城市人口总体规模是衡量社会、经济发展的重要指标，人口规模过高会导致拥挤、资源短缺等系列城市问题；过低则会导致经济活力不足、城市发展受限；而各区的人口分布情况进一步体现了城市人口格局分布的健康情况。该指标基于《关于调整城市规划划分标准的通知》和《北京城市总体规划（2016年—2035年）》，将北京市人口总量合理范围设置为2200万～2250万人，警告范围设置为2250万～2300万人，其他区间为风险范围。从城市级数据来看，2025年预测北京市人口总量为2367.3万人，2035年的人口总量为2386.1万人，二者均已处于风险范围内。可见，如果不加以政策调控，北京市人口规模将超过合理阈值，将面临基础设施压力加大和公共服务设施加大等一系列问题，政府应当制定相关政策控制人口增长速度。

从区级尺度空间分布上看，如图4-16所示，北京市2025年远郊区人口总量预警已超过合理阈值，处于风险范围内；中心城区除朝阳区外，其他区均处于合理范围；相较于2025年，2035年北京市人口总量预警情况呈好转趋势，如怀柔区和大兴区人口分布预警情况从风险状态转为警告状态，通州区预警情况从风险状态转为合理状态。可以得出，2025～2035年北京市的人口结构和分布情况正逐步自中心城区向远郊区呈疏解现象，该现象可在一定程度上缓解中心城区人口密度过高、资源短缺或交通拥堵等情况。

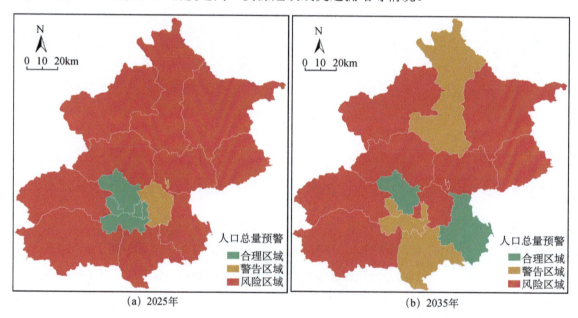

图 4-16　2025年与2035年北京市人口总量预警（区级尺度）

人口密度预警指标表达了单位建设用地面积内的平均人口数量，该指标分别从城市尺度、区级尺度以及街道尺度进行预警。人口密度是衡量城市空间利用、社会发展和公共资源配置的重要指标。人口密度过高会导致拥挤、资源短缺、环境污染、交通拥堵等一系列城市问题；过低则会导致资源浪费、公共服务利用率低、经济活力不足、城市发展受限。该指标参考《2022年城市体检指标体系》，设置预警阈值为人口密度大于1万人/km²时处于红色风险状态，大于0.1万人/km²且小于等于1万人/km²时处于黄色警告状态，小于等于0.1万人/km²处于绿色合理范围。图4-17展示了北京市2035年街道尺度下人口密度的预警情况。从预警结果上看，北京市2035年人口密度主要集中在中心城区和近郊区，中心

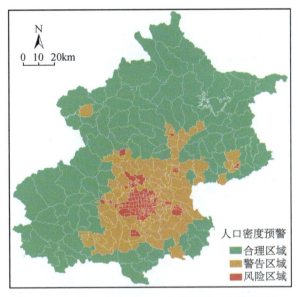

图 4-17　2035 年北京市人口密度预警（街道尺度）

城区大部分街道人口密度过高，处于人口密度警告或风险状态，而远郊区大部分区域人口密度合理，均处于人口密度合理状态。基于这一预警结果，需要对北京市中心城区和近郊区的人口布局和城市空间布局进行优化，在合理范围内降低中心城区的人口密度，引导人口在更大区域的远郊区有序流动，从而解决中心城区人口密度过高导致的资源短缺、交通拥堵、环境污染等一系列问题。

老龄化率是反映城市老年人口在总人口中所占比例的重要指标，该指标在城市级、区级和街道级均有预警。老龄化率直接关系到城市的社会结构和养老压力，对城市的经济、社会服务体系以及社会稳定都有着深远的影响。老龄化率越高意味着城市老年人口越多，过高的老龄化率可能会增加社会养老负担、影响劳动力市场的活力。依据国际通行的老龄化阶段划分标准，老龄化率小于 20% 被视为轻度老龄化，这里将轻度老龄化视作绿色合理范围，20%～30% 被视作中度老龄化，这里对中度老龄化进行黄色警告，而大于 30% 则判定为重度老龄化，将其视作红色风险范围。图 4-18 展示了 2035 年北京市街道尺度的人口老龄化预警情况。从空间分布上看，中心城区和远郊区的老龄化率大多处于警告和风险状态，处于合理状态的街道主要位于中心城区和远郊区之间的近郊区，且北京市南部的老龄化率情况相比北部稍好，这说明近郊区可能因为较为平衡的居住和就业机会，吸引了多种年龄段的居民，从而在一定程度上缓解了老龄化问题，而在中心城区和郊区面临着的人口老龄化压力将持续存在，需要重点关注这些区域特别是郊区的老年人公共服务基础设施。从数值分布上来看，三种预警状态的街道的数量也保持了稳定，合理、警告和风险街道的比例大致为 40%、55% 和 5%，仅有两个街道的老龄化率由警告状态转变为合理状态，但同时也仅有一个街道的老龄化率由合理状态转变为警告状态，其他街道的预警等级则维持不变。虽然北京市的人口老龄化情况没有恶化，但是仍可以通过疏解中心城区的老年人口和提升郊区的劳动力就业吸引力等方式进行人口结构的调整。

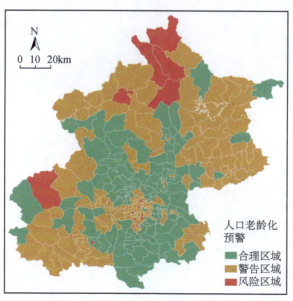

图 4-18　2035年北京市人口老龄化率预警（街道尺度）

参 考 文 献

任智，钟鸣，李大顺，等. 2020. 基于空间增量模型的人口与就业岗位分布预测. 城市交通，18（5）：68-75.
赵魁君. 1994. 带有技术进步系数的柯布-道格拉斯生产函数. 财贸研究，（2）：72-73.

第 5 章

城市生命体运行模拟预测：
土地利用变化

5.1 CitySPS 模拟土地利用变化的技术原理

城市用地演变受多尺度自然环境、社会经济和政府管控等因素的共同影响和制约，城市土地利用变化模拟研究有助于掌握城市土地未来的时空分布和发展趋势，是优化土地资源配置的重要依据。城市用地演变模型集成马尔可夫（Markov）模型、逻辑回归（logistic regression）、元胞自动机（cellular automata，CA）等方法构建复合城市用地演变模型，根据历史土地利用空间演化规律预测未来各类城市用地需求和空间分布。

马尔可夫性质指一种随机过程在已知当前状态和过去所有状态的前提下，未来状态的条件概率分布仅依赖当前状态。具有马尔可夫性质的过程通常被称为马尔可夫过程。在土地利用变化研究中，当前时刻的土地利用类型仅与其前一时刻的状态有关，因此属于一种马尔可夫过程。本节基于马尔可夫模型，采用式（5-1）计算未来各类用地的需求：

$$S_{(t+1)} = P_{i,j} \times S_t \tag{5-1}$$

式中，$S_{(t+1)}$、S_t 分别表示 $t+1$ 时刻和 t 时刻的土地利用面积；$P_{i,j}$ 为根据 $t-1$ 时刻和 t 时刻的土地利用变化计算所得的状态转移矩阵。

基于马尔可夫模型获得的用地需求，博雅智城·CitySPS 平台结合自然环境、社会经济、规划政策等复杂因素构建 logistic-CA 模型，以栅格单元的动态更新"自下而上"地实现整体的土地利用演化。CA 模型是一种时间、空间和状态均离散的网格动力学模型，主要由元胞、元胞状态、邻域、转换规则等部分组成。该模型中，土地利用栅格数据的每个栅格单元作为一个元胞，元胞状态为栅格的土地利用类型，包括居住功能用地、商业服务设施用地、公共管理与公共服务用地、城市公用设施用地、绿地广场用地、道路与交通设施用地、工业用地和其他用地，邻域为中心元胞周围 8 方向上的 Moore 型。转换规则考虑将坡度等自然环境因子，可达性、就业岗位、房价以及公共设施等社会经济要素，生态红线和基本农田等规划政策作为驱动要素，采用 logistic 回归方法计算每个元胞的土地开发适宜性概率。轮盘赌选择方法是根据各类用地的土地开发适宜性概率进行选择，土地开发适宜性概率越大，被选中的概率也越大。模型采用轮盘赌选择方法增加土地利用变化的随机扰动，结合邻域效应、转换规则和政策干预等综合模拟土地利用分布。

5.2 案例城市的用地情况

以北京市为例，现对博雅智城·CitySPS 平台在建设用地模拟中的应用进行阐述。根据《北京市第三次全国国土调查主要数据公报》所披露的信息，北京市的建设用地总规模在 3720km² 以内，这一数据显著体现了大都市土地利用的典型特征。在空间分布上，建设用地主要集中在东城区、西城区、朝阳区、海淀区、丰台区、石景山区等中心城区，这些区域是城市发展的核心地带。

城市蔓延是北京在建设用地领域发展的关键问题，其特征可主要概括为以下几个方面：

（1）扩张速度过快。《城市建设统计年鉴》显示，2020 年北京城市建设用地面积已扩张至 2002 年的 1.5 倍。2002～2005 年建设用地面积年均增长率达到 6.75%，是同期全国建设用地平均扩张速率的 2 倍左右。2005～2020 年北京建设用地年均增长率保持在 2% 左右，增速同样位于全国前列。结合《北京统计年鉴》中的人口增长情况（图 5-1），2002～2005 年及 2014～2020 年北京建设用地扩张速度均超过人口增长速度，并且 2014 年以来两者差距正不断拉大，随之而来的，交通拥堵、环境恶化等"城市病"不断加剧。

图 5-1　2002～2020 年北京市建设用地扩张与人口增长情况对比

（2）土地低效利用。摊大饼式的城市发展方式导致城市化、工业化发展过快，土地利用方式粗放而用地效率较低。宋洋等（2021）研究发现，21 世纪以来，虽然北京土地利用效率整体呈上升趋势但工业用地低效扩张等粗放用地现象仍然显著，达到土地利用效率最优水平的地区尚不足 80%，且在空间分布上中心城区与近郊区、远郊区用地效率差异明显。

（3）违章建设频发。城市快速扩张过程中，由于城市治理手段滞后、治理效率较低，违章建设屡见不鲜，仅 2012 年 9 月和 2013 年 6 月，北京市国土资源局官网共公开曝光全市"小产权房"项目 83 宗。2017～2022 年北京市累计拆除违法建设 2.3 亿 m³（曹政，2022）。

（4）公共服务配套不足。近年来，北京城市化过程中形成的大型居住区交通拥堵、市政设施及公共服务配套不足等问题日趋严重，成为居民生活品质提升的一大阻碍。就人均道路面积而言，根据《城市建设统计年鉴》统计结果，2022 年北京市人均道路面积仅为全国平均水平的 41.7%。就公共服务配套而言，2020～2021 年北京市住房和城乡建设委员会展开的摸排工作共排查出 2007 年以来居住用地项目配套问题近 70 项（曹政，2021）。

基于上述情况，控制城市扩张速度、调整城市用地结构成为促进北京市土地利用综合效率水平提升、助力城市高质量运行的重要路径。针对全市建设用地总规模、城乡建设用地规模、永久性城市开发边界范围等内容，《北京城市总体规划（2016 年—2035 年）》提出明确要求，指出应"坚守建设用地规模底线，严格落实土地用途管制制度""促进城乡建设用地减量提质和集约高效利用"，为推动北京市建设用地减量提质，全面提高城市治理水平指明了方向。

5.3　建设用地整体格局

5.3.1　总量增长情况

就建设用地总量而言，2020～2035年北京市建设用地由3368km²扩张至3662km²（图5-2），共计增长约294km²，年均增长率0.56%，国土开发强度由20.53%增长至22.32%。与《北京城市总体规划（2016年—2035年）》中2035年建设用地总规模上限3670km²对比，建设用地总体规模接近阈值，土地资源更加紧张。

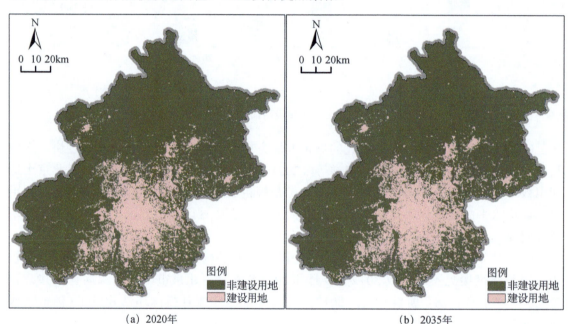

| (a) 2020年 | (b) 2035年 |

图 5-2　2020年与2035年北京市建设用地扩张情况对比（市域尺度）

进一步在总量预测的基础上对2020年、2035年土地与人口增长的协调关系进行分析。预测结果显示（表5-1），建设用地人口密度2035年较2020年略有下降，变化相对稳定。从城市土地使用可持续性来看，2020～2035年城市建设用地增长率与人口增长率比值为1.29，根据已有研究，如果指标值大于1.12，表明城市可能存在过度开发现象，未能与城市人口需求相适应（吴一凡等，2018）。

表 5-1　2020～2035年北京市建设用地与人口增长的协调关系

指标	指标计算	2020年	2035年
建设用地总量/km²	—	3368	3662
建设用地人口密度/ （人/km²）	建设用地承载的人口总量/建设用地总面积	6635	6516
城市土地使用可持续性	城市建设用地增长率/人口增长率	1.29	

5.3.2　区级增长情况

从区级尺度分析，2020 年大兴、朝阳、昌平三区建设用地面积位于各区前三位，分别占北京市建设用地总量的 13.08%、11.84% 与 11.04%。考虑到各区用地规模存在差异，将建设用地面积与区总用地面积作比，东城、西城、朝阳三区建设用地相对区总面积占比较高，建设用地分布较为集中，其中东城区、西城区建设用地相对占比分别达到 100% 与 99.8%（表 5-2）。

表 5-2　2020～2035 年北京市建设用地规模（区级尺度）

区	区面积 /km²	2020 年建设用地		2035 年建设用地	
		面积/km²	占区面积比例/%	面积/km²	占区面积比例/%
东城区	41.38	41.38	100.0	41.31	99.9
西城区	50.81	50.69	99.8	50.56	99.5
朝阳区	465.63	398.63	85.6	419.06	90.0
丰台区	301.50	221.13	73.3	236.13	78.3
石景山区	85.25	55.38	65.0	64.44	75.6
海淀区	435.63	288.94	66.3	313.81	72.0
通州区	904.44	360.88	39.9	423.63	46.8
大兴区	1042.06	440.69	42.3	468.25	44.9
顺义区	1012.25	361.50	35.7	377.44	37.3
昌平区	1360.13	371.81	27.3	426.06	31.3
房山区	2018.50	349.50	17.3	383.94	19.0
平谷区	940.81	94.31	10.0	97.50	10.4
门头沟区	1419.25	65.06	4.6	79.38	5.6
怀柔区	2121.50	95.81	4.5	111.06	5.2
密云区	2219.88	95.81	4.3	96.75	4.4
延庆区	1986.75	76.56	3.9	72.69	3.7

系统预测结果表明，2035 年通州区建设用地扩张明显，建设用地面积与大兴区、昌平区共同位于各区前三位（图 5-3）。建设用地占区面积的占比与 2020 年相似，东城区、西城区、朝阳区仍位居前列，其中朝阳区建设用地占比达 90%，增长明显，东城区、西城区中建设用地保持绝对优势基本实现全覆盖。

2020～2035 年超过 80% 的行政区的建设用地面积均呈上升趋势，其中，就绝对增长量而言，通州、昌平两区建设用地面积增长量最高，均高于 50km²。就年均增长率而言，门头沟、通州、石景山、怀柔四区建设用地年均增长比率较快，普遍高于 1%（图 5-4）。此外，延庆、东城、西城三区建设用地面积变化较少，规模相对稳定。

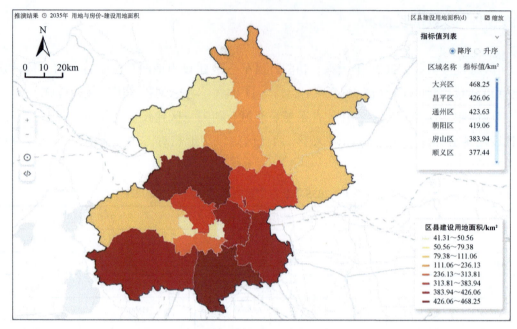

图 5-3　2035年北京市各区建设用地面积

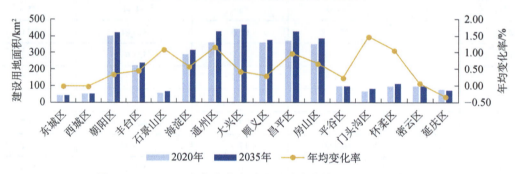

图 5-4　2020～2035年北京市建设用地变化情况（区级尺度）

5.3.3　中心城区、郊区增长情况对比

对比北京中心城区、近郊区、远郊区的建设用地规模发现（表5-3），建设用地发展体现了区域发展的不平衡性，远郊区发展相对滞后。2020年近郊区建设用地面积最大，达 1949.44km²，中心城区次之，远郊区显著低于两者，仅362.49km²。结合区域总面积考虑建设用地在区域中的相对占比，中心城区建设用地占区域面积占比高达76.5%，显著高于近郊区（25.1%）与远郊区（5.0%）。2035年近郊区建设用地面积将超过2000km²，中心城区建设用地面积次之，远郊区较2020年仅增加约16km²，与前二者差距进一步拉大。中心城区建设用地占区域总面积达81.5%，显著高于近郊区（27.8%）与远郊区（5.2%），分布格局较2020年未发生明显变化。2020～2035年三个区域中近郊区建设用地增长最为迅速，远郊区建设用地增长较为缓慢，年均增长率仅为近郊区的1/3左右（图5-5）。

表 5-3　2020～2035 年北京市建设用地空间分布（中心城区、郊区尺度）

区域类别	区域总面积/km²	2020 年建设用地		2035 年建设用地	
		面积/km²	占所在区域面积比例/%	面积/km²	占所在区域面积比例/%
中心城区	1380.20	1056.15	76.5	1125.31	81.5
近郊区	7756.63	1949.44	25.1	2158.70	27.8
远郊区	7268.94	362.49	5.0	378.00	5.2

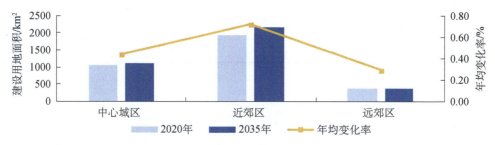

图 5-5　2020～2035 年北京市建设用地增长情况对比（中心城区、郊区尺度）

5.3.4　用地混合度分析

用地混合度是反映区域不同土地利用功能混合程度的主要指标。城市用地混合利用是激发城市活力、实现城市可持续发展的重要工具之一。根据《城市用地分类与规划建设用地标准》（GB 50137—2011），系统的预测结果将建设用地进一步细分为居住功能用地、道路与交通设施用地、商业服务设施用地、工业用地、公共管理与公共服务用地、绿地广场用地、城市公用设施用地 7 类，基于此，系统应用熵值法对 2020 年以及预测得到的 2035 年用地数据进行用地混合度分析。

2020～2035 年全市用地混合度稳中有升，由 0.48 上升至 0.49，全市各类用地功能分配整体较为均衡。从区级尺度分析，2020 年朝阳区、丰台区与石景山区用地混合度位于各区前列，在用地混合利用层面体现出较大优势。相对而言，延庆区、密云区、门头沟区和怀柔区用地混合度低于全市平均水平，用地分配比较单一，所承受的功能压力较重（表 5-4）。2035 年，丰台、石景山、朝阳、通州、海淀和大兴 6 个区用地混合度位于各区前列，均不小于 0.7（图 5-6）。相对而言，延庆区、密云区、门头沟区用地混合度相对较低，未达到同期全市平均水平。2020～2035 年共 7 个区用地混合度呈上升趋势，其中通州区、大兴区用地混合度增长较快。6 个区用地混合度有所下降，朝阳区下降幅度相对较大。

表 5-4　2020～2035 年北京市用地混合度（区级尺度）

区	用地混合度		区	用地混合度	
	2020 年	2035 年		2020 年	2035 年
朝阳区	0.81	0.74	石景山区	0.79	0.76
丰台区	0.80	0.78	海淀区	0.77	0.72

区	用地混合度		区	用地混合度	
	2020年	2035年		2020年	2035年
大兴区	0.67	0.70	房山区	0.36	0.38
通州区	0.66	0.72	平谷区	0.26	0.26
顺义区	0.60	0.62	怀柔区	0.13	0.15
东城区	0.57	0.57	门头沟区	0.13	0.15
昌平区	0.50	0.54	密云区	0.13	0.13
西城区	0.45	0.44	延庆区	0.12	0.11

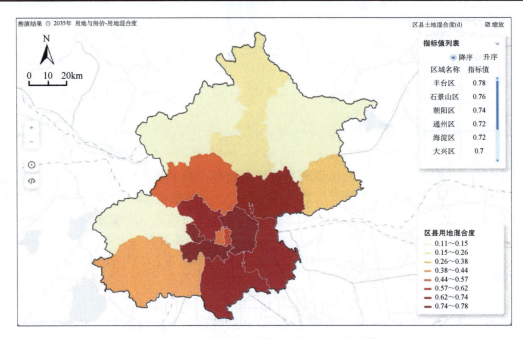

图 5-6　2035年北京市用地混合度（区级尺度）

对比中心城区与近郊区、远郊区的用地混合度（表5-5），2035年与2020年总体趋势保持一致，中心城区用地混合度相对最高，近郊区次之，远郊区显著低于二者，这可能与不同地区发展程度存在较大差异相关。2020～2035年中心城区用地混合度略有下降，近郊区与远郊区用地混合度有所上升，从一定程度上体现出北京市中心城区功能疏解以及"郊区化"发展等相关趋势。

表 5-5　2020～2035年北京市用地混合度（中心城区、郊区尺度）

区域类别	2020年用地混合度	2035年用地混合度
中心城区	0.70	0.67
近郊区	0.49	0.52
远郊区	0.16	0.17

5.4　工业用地增长模拟

5.4.1　总量增长情况

预测结果显示，2035 年北京市工业用地由 2020 年的 434.75km² 增长至 452.88km²（图 5-7），共计增长 18.13km²，年均增长率 0.27%，增长率相对较慢，仅为建设用地整体年均增长率 0.58% 的一半左右。作为城市土地利用变化的主要用地类型之一，2020 年和 2035 年工业用地占全市建设用地总面积的比例分别为 12.91% 和 12.37%，占比略有下降，可能与北京市加大力度腾退低端产业、压减低效用地等举措有关。

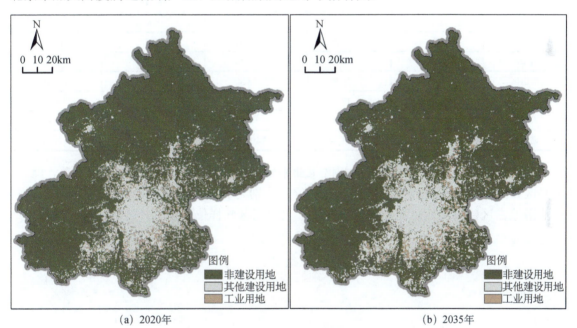

(a) 2020年　　　　　　　　　　　　　　　(b) 2035年

图 5-7　2020 年与 2035 年北京市工业用地分布情况（市域尺度）

5.4.2　区级增长情况

就各区的分布而言，2020 年大兴、通州、顺义三区工业用地面积绝对量位于各区前三位，分别占北京市工业用地总量的 20.69%、18.13% 与 14.39%，三区工业用地面积之和达全市总量的一半有余。考虑到各区用地规模存在差异，将工业用地面积与各区建设用地总面积进行对比，大兴、通州、顺义三区工业用地在建设用地中的相对占比仍较高，均高于 17%（表 5-6），超过 2020 年全市整体水平（12.91%）。

表 5-6　2020～2035 年北京市工业用地空间分布（区级尺度）

区	2020年		2035年		2020～2035 年面积变化量/km²
	面积/km²	占区建设用地面积比例/%	面积/km²	占区建设用地面积比例/%	
东城区	0.13	0.30	0.13	0.30	0.00
西城区	0.19	0.37	0.19	0.37	0.00
门头沟区	2.56	3.94	0.63	0.79	-1.93
延庆区	3.63	4.73	0.75	1.03	-2.88
石景山区	4.69	8.47	1.50	2.33	-3.19
海淀区	17.94	6.21	8.63	2.75	-9.31
平谷区	12.75	13.52	12.25	12.56	-0.50
密云区	13.88	14.48	12.31	12.73	-1.57
丰台区	21.00	9.50	14.19	6.01	-6.81
怀柔区	11.31	11.81	18.31	16.49	+7.00
朝阳区	41.88	10.50	26.63	6.35	-15.25
昌平区	35.19	9.46	30.44	7.14	-4.75
房山区	38.31	10.96	52.50	13.67	+14.19
顺义区	62.56	17.31	71.25	18.88	+8.69
大兴区	89.94	20.41	95.31	20.36	+5.37
通州区	78.81	21.84	107.88	25.46	+29.07

系统预测结果表明，2035 年通州区工业用地面积超过 100km²，位于各区之首，此外，大兴区和顺义区工业用地面积仍位于前三位，分别为 95.31km² 和 71.25km²（图 5-8）。从工业用地占区建设用地总面积的比例来看，上述三区同样位居前列，其中通州区工业用地

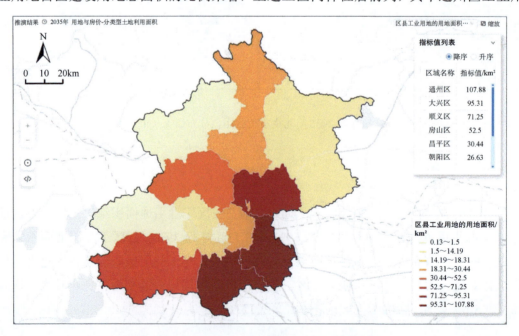

图 5-8　2035 年北京市工业用地空间分布（区级尺度）

占比超过 25%，是 2035 年全市整体水平（12.37%）的两倍左右。

2020～2035 年，共 9 个区工业用地面积呈下降趋势，其中朝阳区工业用地面积减少 15.25km²，减少绝对量最大，门头沟、延庆两区工业用地面积年均下降超过 8%，下降速率最快（图 5-9）。5 个区工业用地面积有所上升，通州区工业用地增长 29.07km²，增长绝对量最大，怀柔区工业用地增长速率相对较快，年均达 3.26%。东城、西城两区工业用地维持原有规模未发生显著变化。

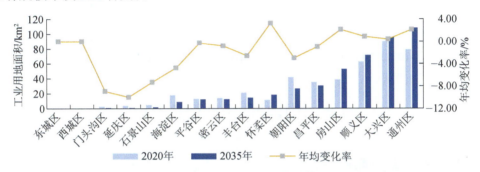

图 5-9　2020～2035 年北京市工业用地变化情况（区级尺度）

5.4.3　中心城区、郊区增长情况对比

对比中心城区、近郊区、远郊区的工业用地情况，2020 年近郊区工业用地面积最大，达 307.38km²，中心城区次之，远郊区工业用地面积绝对量最小，仅 41.56km²。结合区域建设用地总面积考虑工业用地的相对占比，近郊区工业用地占区域建设用地总面积的比例高达 15.77%，超过 2020 年全市整体水平（12.91%），远郊区次之，为 11.47%，一定程度上体现出郊区工业功能发展的相对偏重，中心城区工业用地相对占比较低，仅 8.13%（表 5-7）。

表 5-7　2020～2035 年北京市工业用地空间分布（中心城区、郊区尺度）

区域类别	2020 年工业用地		2035 年工业用地		面积变化量/km²
	面积/km²	占区域建设用地面积比例/%	面积/km²	占区域建设用地面积比例/%	
中心城区	85.81	8.13	51.25	4.55	−34.56
近郊区	307.38	15.77	358.00	16.58	+50.62
远郊区	41.56	11.47	43.63	11.54	+2.07

2035 年，近郊区工业用地面积将达到 358km²，占全市工业用地面积的 79.05%，中心城区与远郊区次之，分别为 51.25km² 和 43.63km²。就工业用地相对区域建设用地总面积的比例而言，这一时期近郊区、远郊区工业用地在建设用地中的占比相对平稳，分别为 16.58%、11.54%，中心城区工业用地在建设用地中的占比下降显著，2035 年工业用地仅占其建设用地总量的 4.55%。

2020～2035 年三个区域中近郊区工业用地增长最为迅速，远郊区次之，中心城区工业用地面积呈下降趋势，其年均下降 3.38%，从用地角度体现出这一时期工业功能逐渐由中心城区向近郊区、远郊区疏解的趋势（图5-10）。

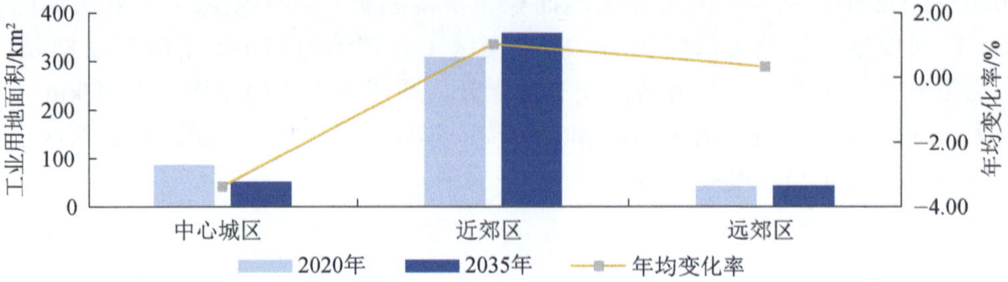

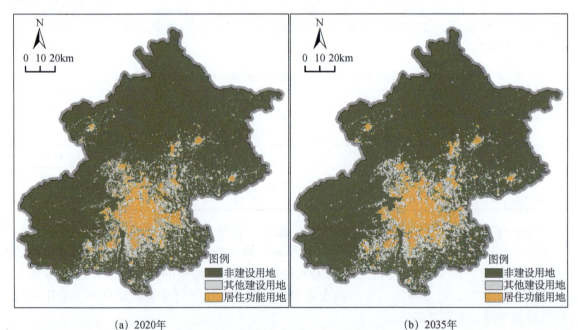

图 5-10　2020～2035 年北京市工业用地变化情况（中心城区、郊区尺度）

5.5　居住功能用地增长模拟

5.5.1　总量增长情况

2020～2035 年北京市居住功能用地由 1087km² 增长至 1305km²（图5-11），增长 218km²，年均增长率1.23%，增长速率较快，大约为建设用地整体年均增长率的 2 倍，工业用地年均增长率的4.5倍左右。从相对占比来看，作为主要用地类型之一，2020 年和2035 年居住功能用地占全市建设用地总面积比例分别为32.27%和35.65%，为工业用地同期占比的3倍左右，且占比呈上升趋势，这与北京市提高居住功能用地供给、改善城乡职住平衡的导向相一致。

（a）2020年　　　　　　　　　　（b）2035年

图 5-11　2020 年与 2035 年北京市居住功能用地分布情况（市域尺度）

5.5.2　区级增长情况

从区级尺度分析，2020 年居住功能用地主要分布在朝阳、海淀、昌平三区，分别占北京市居住功能用地总量的 19.37%、14.67% 与 10.75%。考虑到各区用地规模的差异，将各区居住功能用地面积与其建设用地总面积进行对比，发现西城、东城两区居住功能用地在建设用地中的相对占比极高，分别达到 87.79% 与 77.95%（表 5-8），远超 2020 年全市整体水平（32.27%），从用地层面体现出居住功能用地在以上区域的优势地位。相对而言，平谷区、延庆区居住功能用地在建设用地中的相对占比较低，仅为 17.03% 与 16.57%，为同时期全市整体水平的一半左右。

表 5-8　2020～2035 年北京市居住功能用地分布（区级尺度）

区	2020 年居住功能用地		2035 年居住功能用地		面积变化量/km²
	面积/km²	占区建设用地面积比例/%	面积/km²	占区建设用地面积比例/%	
西城区	44.50	87.79	45.31	89.62	+0.81
东城区	32.25	77.95	32.50	78.67	+0.25
海淀区	159.44	55.18	193.81	61.76	+34.37
朝阳区	210.50	52.81	250.56	59.79	+40.06
石景山区	30.69	55.42	38.25	59.36	+7.56
丰台区	109.00	49.29	123.50	52.30	+14.50
门头沟区	20.06	30.84	26.00	32.76	+5.94
怀柔区	25.25	26.35	36.19	32.58	+10.94
昌平区	116.88	31.43	135.06	31.70	+18.18
密云区	20.56	21.46	27.13	28.04	+6.57
延庆区	12.69	16.57	20.19	27.77	+7.50
通州区	83.88	23.24	100.81	23.80	+16.93
顺义区	60.25	16.67	81.88	21.69	+21.63
大兴区	81.00	18.38	98.56	21.05	+17.56
平谷区	16.06	17.03	20.44	20.96	+4.38
房山区	64.00	18.31	75.25	19.60	+11.25

系统预测结果显示，2035 年朝阳、海淀、昌平三区居住功能用地面积仍位于各区前三位，分别达到 250.56km²、193.81km²、135.06km²。延庆、平谷、门头沟三个区居住功能用地面积相对较少，均低于 30km²（图 5-12）。居住功能用地占区建设用地总面积的比例分布格局与 2020 年相似，西城区、东城区居住功能用地相对占比位居前列，其中西城区居住功能用地占比已接近 90%。相对而言，房山区居住功能用地在建设用地总量中占比较低，仅为 2035 年全市整体水平 35.65% 的一半左右。

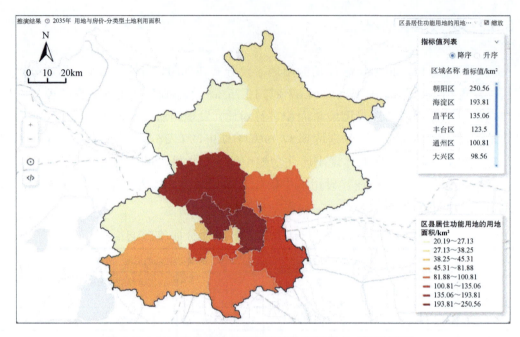

图 5-12　2035 年北京市居住功能用地空间分布（区级尺度）

2020～2035 年，区级居住功能用地均呈增长趋势。从绝对量上看，朝阳、海淀、顺义三区居住功能用地增长量较大，增长面积分别为 40.06km²、34.37km²、21.63km²。东城、西城、平谷三区增长量较小，均低于 5km²。从年均增长率上看，延庆、怀柔、顺义三个区居住功能用地增长速率较快，均高于 2%。西城、东城两区由于区自身用地规模限制，居住功能用地接近饱和，其增速相对放缓，基本维持原有规模（图 5-13）。

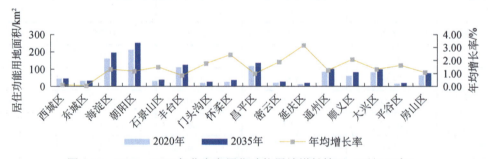

图 5-13　2020～2035 年北京市居住功能用地增长情况（区级尺度）

5.5.3　中心城区、郊区增长情况对比

对比中心城区、近郊区、远郊区的居住功能用地情况发现，2020 年中心城区与近郊区居住功能用地面积较大，分别为 586.38km² 和 426.06km²，而远郊区居住功能用地面积仅为上述二者的 1/6 左右。对比各区域居住功能用地在建设用地总面积中的相对占比发现，中心城区居住功能用地占区域建设用地总面积的比例高达 55.52%，超过 2020 年全市整体水平（32.27%）。近郊区与远郊区居住功能用地相对占比远低于中心城区与全市整体水平（表 5-9），基于此，实现居住功能由中心城区向郊区的疏解分流成为未来北京居住功能用地发展变化的一大趋势。

表 5-9　2020～2035 年北京市居住功能用地空间分布（中心城区、郊区尺度）

区域类别	2020年居住功能用地		2035年居住功能用地		面积变化量/km²
	面积/km²	占各区域建设用地面积比例/%	面积/km²	占各区域建设用地面积比例/%	
中心城区	586.38	55.52	683.94	60.78	+97.56
近郊区	426.06	21.86	517.56	23.98	+91.50
远郊区	74.56	20.57	103.94	27.50	+29.38

2035 年中心城区居住功能用地面积预计为 683.94km²，占全市居住功能用地面积比例较 2020 年下降 1.6 个百分点。近郊区和远郊区预计分别将达到 517.56km² 和 103.94km²，占全市居住功能用地面积比例较 2020 年分别上升 0.5 个百分点和 1.1 个百分点。考虑到各区域自身用地规模差异，就居住功能用地相对各区域建设用地总面积的比例而言，三个区域居住功能用地在建设用地中的相对占比均呈上升趋势，充分体现出居住功能在区域发展过程中的重要地位。

系统预测结果显示，2020～2035 年中心城区与近郊区居住功能用地面积增长量较大，均超过 90km²。远郊区增长绝对量较小，仅 29.38km²。从年均增长率来看，中心城区、近郊区和远郊区居住功能用地增长率依次升高，体现出居住功能用地逐渐由中心城区向外疏解的趋势导向（图 5-14）。分析各区域土地转移矩阵发现，中心城区新增的居住功能用地主要来源于工业用地和绿地广场用地，分别达到 45.25km² 和 42.31km²。而近郊区和远郊区新增的居住功能用地主要来源于非建设用地和工业用地。

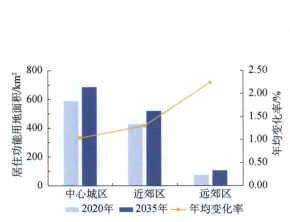

2020 年	2035 年	居住功能用地/km²		
		中心城区	近郊区	远郊区
非建设用地		30.56	67.69	16.56
公共管理与公共服务用地		11.19	12.31	4.63
绿地广场用地		42.31	16.69	4.63
城市公用设施用地		0.19	0	0
工业用地		45.25	42.44	6.94
商业服务设施用地		24.81	29.44	7.63
道路与交通设施用地		14.88	11.56	1.06
居住功能用地		514.75	337.44	62.5
总计		**683.94**	**517.57**	**103.95**

图 5-14　2020～2035 年北京市居住功能用地变化情况（中心城区、郊区尺度）

5.6　商业服务设施用地增长模拟

5.6.1　总量增长情况

2035 年北京市商业服务设施用地将由 2020 年的 516km² 增长至 525km²（图 5-15），共计增长 9km²，年均增长率 0.12%，与工业用地、居住功能用地相比，在三种城市主要用地类型中增长率最低。从相对占比来看，2020年和2035年商业服务设施用地占全市建设用地总面积的比例分别为15.32%和14.33%，占比略有下降，基本保持稳定，略高于工业用地在全市建设用地中的同期占比。

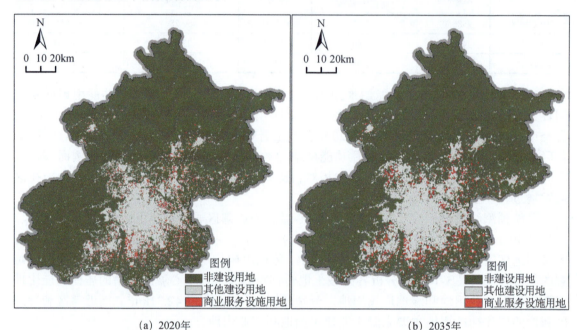

(a) 2020年　　　　　　　　　　　　　　(b) 2035年

图5-15　2020年和2035年北京市商业服务设施用地分布情况（市域尺度）

5.6.2　区级增长情况

就区级增长情况而言，2020～2035年，北京市共5个区商业服务设施用地呈增长趋势。其中，就绝对量而言，房山、通州、昌平三区商业服务设施用地面积增长较大，增长面积分别为17.94km²、15.50km²和10.94km²。就年均增长率而言，房山、昌平、通州三区年均增长率相对较高，均超过1%。东城区、西城区根据分区规划要求，保持原有商业服务设施规模未发生明显变化。

2020年大兴、顺义、通州三区商业服务设施用地的面积绝对量位于各区前三位，分别占北京市商业服务设施用地总量的18.91%、16.35%与15.51%。考虑到各区用地规模的自身差异，将各区商业服务设施用地面积与其建设用地总面积进行对比，从相对量上看，商业服务设施用地在建设用地中的占比中顺义区最高，达23.34%，是同期全市整体水平的1.5倍左右，大兴区与通州区次之（表5-10），从用地层面体现出商业功能在以上区域的优势地位。相对而言，东城区与西城区的商业服务设施用地在建设用地中的占比较低，均低于1%，这与分区规划提出的中心城区内核心区（东城区、西城区）实行商业设施规模总量控制原则，原则上不再新增商业建筑规模，以及《北京市商业服务业设施空间布局规划（征求意见稿）》（2019年）中提出的"考虑到中心城区人口规模减量发展和城市核心区减量发展的要求，核心区商业设施总规模应适当核减"导向一致。

表 5-10　2020～2035 年北京市商业服务设施用地规模（区级尺度）

区	2020 年商业服务设施用地		2035 年商业服务设施用地	
	面积/km²	占各区建设用地面积比例/%	面积/km²	占各区建设用地面积比例/%
大兴区	97.63	22.15	106.63	22.77
通州区	80.06	22.19	95.56	22.56
顺义区	84.38	23.34	89.50	23.71
房山区	59.31	16.97	77.25	20.12
昌平区	45.69	12.29	56.63	13.29
朝阳区	39.06	9.80	27.00	6.44
丰台区	22.75	10.29	18.88	7.99
平谷区	18.44	19.55	14.06	14.42
怀柔区	18.81	19.63	12.88	11.59
延庆区	12.88	16.82	9.19	12.64
密云区	16.13	16.83	8.44	8.72
海淀区	16.50	5.71	7.19	2.29
门头沟区	1.81	2.79	1.25	1.57
石景山区	2.56	4.63	0.25	0.39
东城区	0.06	0.15	0.06	0.15
西城区	0.06	0.12	0.06	0.12

　　2035 年商业服务设施用地在区级的空间分布与 2020 年基本一致，未发生显著变化（图 5-16）。大兴、通州、顺义三区商业服务设施用地面积仍位于各区前三位，预计分别达到 106.63km²、95.56km²、89.50km²。东城区、西城区与石景山区商业服务设施用地面积

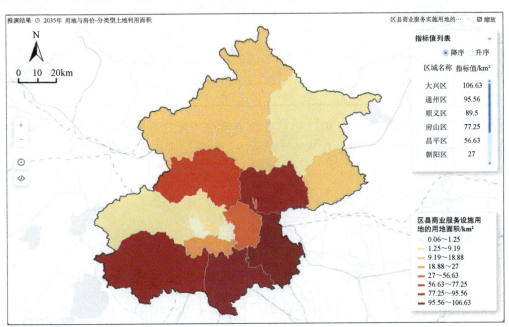

图 5-16　2035 年北京市商业服务设施用地空间分布（区级尺度）

相对较少，均低于1km²。从商业服务设施用地占区建设用地总面积的比例来看，顺义区、大兴区、通州区、房山区商业服务设施用地在自身建设用地中占比均超过20%，位居前列，其中房山区商业服务设施用地的相对占比较2020年明显提升。相对而言，这一时期东城区、西城区、石景山区商业服务设施用地在建设用地总量中占比较低。

5.6.3 中心城区、郊区增长情况对比

对比中心城区、近郊区、远郊区的商业服务设施用地情况，得到2020年商业服务设施用地主要分布在近郊区，分布面积达368.88km²，占全市商业服务设施用地总面积的71.47%，远高于中心城区81km²与远郊区66.25km²。考虑到各区域自身用地规模存在的差异，结合各区域建设用地总面积计算商业服务设施用地的相对占比，得到商业服务设施用地在近郊区与远郊区的相对占比较高，分别为18.92%、18.28%，超过2020年全市整体水平（15.32%）。中心城区商业服务设施用地在建设用地中的占比相对较低，仅为7.67%（表5-11），从用地的角度初步体现出中心城区减量发展与商业功能疏解的相关特征。

2035年近郊区商业服务设施用地面积预计将达到426.81km²，占全市商业服务设施用地总面积的比例较2020年上升9.8个百分点。中心城区、远郊区该类用地面积预计将分别为53.44km²和44.56km²，占全市商业服务设施用地总面积的比例较2020年分别下降5.5个百分点和4.3个百分点。考虑到各区域自身用地规模差异，就商业服务设施用地相对各区域建设用地总面积的比例而言，近郊区该类用地占区域建设用地总面积比例略有上升，中心城区、远郊区均呈下降趋势，从用地层面初步体现出不同区域发展方向的差异性。

表5-11　2020～2035年北京市商业服务设施用地空间分布（中心城区、郊区尺度）

区域类别	2020年商业服务设施用地		2035年商业服务设施用地	
	面积/km²	占各区域建设用地面积比例/%	面积/km²	占各区域建设用地面积比例/%
中心城区	81.00	7.67	53.44	4.75
近郊区	368.88	18.92	426.81	19.77
远郊区	66.25	18.28	44.56	11.79

根据系统预测结果，2020～2035年商业服务设施用地在近郊区呈显著增长趋势，增长面积达57.93km²，年均增长率为0.98%（图5-17），远超同期全市整体增长水平。而这一

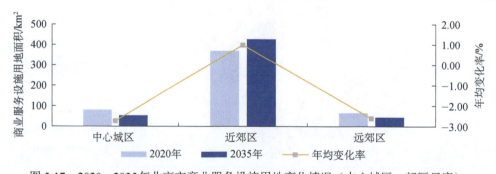

图5-17　2020～2035年北京市商业服务设施用地变化情况（中心城区、郊区尺度）

时期中心城区与远郊区商业服务设施用地均呈下降趋势，分别减少27.56km² 和21.69km²，一方面体现了中心城区商业功能的持续疏解，另一方面体现了近郊区对于商业功能较强的承接作用。

5.7　机理模型与机器学习模型精度对比

博雅智城·CitySPS 平台同时提供传统机理模型和基于机器学习的算法模型。在基于 CA 模型的土地利用模拟研究中，提高转换规则的精度是提高模型精度的关键问题。机理模型采用逻辑回归算法计算转换规则，该方法的优势在于模型简单，可解释性强，但对复杂数据的拟合较差。土地模拟采用的机器学习算法主要为随机森林算法（Breiman，2001）。该算法是一种基于决策树的集成学习方法，集成了自助聚集（Breiman，1996）和随机选择特征分裂（Ho，1995）等方法，是一种用于分类和回归分析的有力工具。该算法首先从原始数据集中随机抽取训练样本，并通过随机选择特征向量构建多个决策树，最后综合所有决策树的分类结果，通过投票得到最终结果。该算法的优势在于对复杂输入数据的抗噪声和抗缺失能力较强，算法精度高，泛化能力较强，能够避免过拟合，并且可度量输入特征的重要性，有助于分析特征之间的关系，具有一定的可解释性。

在机器学习模型中，驱动土地变化的因素在原有数据的基础上，增加了距八类用地最近距离等数据，并通过随机森林模型自带的重要性排序功能，对所有的驱动因素进行筛选，最终选择13 个驱动因子计算土地转换规则。土地利用模拟结果如图5-18 所示。各驱动因

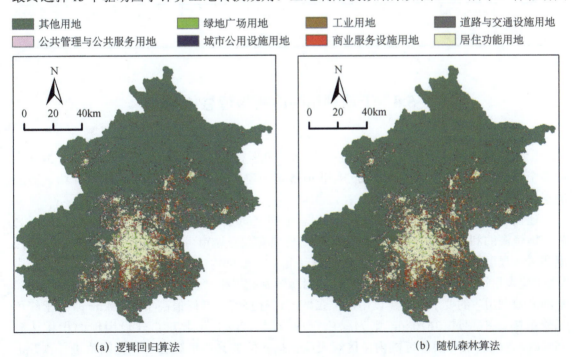

　■ 其他用地　　　　　　■ 绿地广场用地　　　　　■ 工业用地　　　　　　■ 道路与交通设施用地
　■ 公共管理与公共服务用地　■ 城市公用设施用地　　　■ 商业服务设施用地　　■ 居住功能用地

(a) 逻辑回归算法　　　　　　　　　　　　　　(b) 随机森林算法

图 5-18　逻辑回归算法与随机森林算法结果对比

子对随机森林分类结果的影响程度如图 5-19 所示。其中，距居住功能用地的最近距离对分类结果的影响最大，其原因是居住功能用地占全市面积的比例最大。基于相同的数据，同时采用逻辑回归算法和随机森林算法模拟土地利用变大，总体精度和 Kappa 系数如表5-12 所示，由此可见，随机森林模型精度较逻辑回归算法更高。

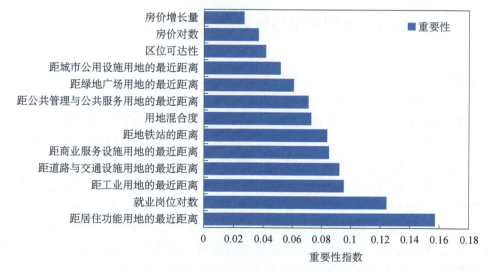

图 5-19　驱动因素重要性排序

表 5-12　机理模型与机器学习模型精度比较

指标	逻辑回归	随机森林
总体精度/%	91.75	93.63
Kappa 系数	0.7661	0.8193

5.8　土地利用的诊断与智慧预警

　　土地利用模块涉及的预警指标主要包括城市运行基本指标和生态承载力相关指标中的多个子指标，本节对北京市 2025 年和 2035 年的建设用地规模扩张预警进行介绍，对应的指标为建设用地规模。

　　建设用地规模指城市建设用地的面积总量和空间分布情况，可以反映城市的建设活力和土地资源的利用状况，合理控制建设用地规模有利于城市可持续发展。该指标在城市尺度和区级尺度下进行预警。城市尺度根据《北京城市总体规划（2016 年—2035 年）》中"坚守建设用地规模底线，严格落实土地用途管制制度""促进城乡建设用地减量提质和集约高效利用"的要求，对建设用地扩张情况进行预警，指标值高于 3670km^2 时处于红色风险范围，不超过 3670km^2 则为绿色合理范围。2035 年北京市建设用地面积将达到3662km^2，处于合理阈值范围内。区级尺度根据各区的具体情况分别制定阈值进行预警，如果超过对应的阈值将被认为建设用地可能出现过度扩张，否则认为区的建设用地面积在合理范围内。图 5-20 可以看出，在城市自然推演的情况下，2035 年北京市近郊区建设用地面积扩张情况较为紧张，而远郊区预警结果基本合理。主要表现为，大兴区、昌平区、朝阳区和通州区的预警结果为风险。整体来看，北京市远郊区和中心城区的用地建设规模扩张情况优于近郊区，因此近郊区在区域发展的前提下更应该加强土地的节约集约利用，避免盲目扩张，提升土地资源的利用效率。

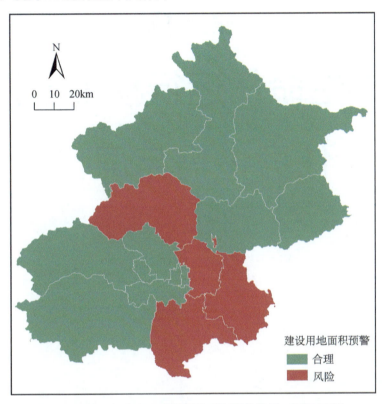

图 5-20　2035 年北京市建设用地面积预警结果（区级尺度）

参 考 文 献

曹政. 2021. 北京市住建委：全面摸排小区公共服务设施应建未建、应交未交. 北京日报. 2021-02-05.

曹政. 2022. "大城市病"治理的北京"药方". 北京日报. 2022-10-12.

宋洋，Godfrey Y，朱道林，等. 2021. 京津冀城市群县域城市土地利用效率时空格局及驱动因素. 中国土地科学，35（3）：10.

吴一凡，刘彦随，李裕瑞. 2018. 中国人口与土地城镇化时空耦合特征及驱动机制. 地理学报，73（10）：1865-1879.

Breiman L. 1996. Bagging predictors. Machine Learning，24：123-140.

Breiman L. 2001. Random forests. Machine Learning，45：5-32.

Ho T K. 1995. Random decision forests. Proceedings of 3rd International Conference on Document Analysis and Recognition，1：278-282.

第 6 章

城市生命体运行模拟预测：

住房供需与房价

6.1　CitySPS 模拟住房供需与房价的技术原理

在城市发展的宏大进程中，住房问题始终占据着举足轻重的地位。随着经济的蓬勃发展、人口规模的不断扩大以及社会结构的深刻变革，城市平衡住房问题愈发重要，成为影响国计民生的关键领域。鉴于此，对城市房价的空间分异特征进行精准模拟，不仅能够有效揭示居民在住房选择上的偏好因素，更为相关规划部门在优化设施布局、调控房地产价格及制定规划策略时提供了有力的数据支撑和参考依据。此举对于促进住房市场的公平发展、维护城市经济社会的平稳健康运行具有深远的战略意义。

对于城市住房的相关预测，主要集中在住房供给和住房需求两方面。目前的住房供给预测，主要基于城市居住用地的供给变化和城市住房容积率现状确定。目前的住房需求预测，主要依据城市人口规模，包括城市人口规模现状、人口年龄结构以及人口流动情况预测等。

博雅智城·CitySPS 平台在城市住房供给预测上，通过模型对城市各区域居住用地面积进行预测，并与各区域的居住容积率相乘来预测城市总住房建筑面积供给。在城市住房需求预测上，基于系统内的人口模型，预测城市人口数量，与该城市的人均住房面积相乘，得到城市住房需求预测结果。城市房地产价格的水平和区域分布情况主要取决于住宅本身质量和邻里配套设施两方面。例如，与住宅相关的方面是住宅的类型、大小、房间数量、朝向、建筑年代以及与之相关的土地面积。与邻里相关的方面包括住宅周围环境以及设施便利程度等。二者的影响程度在不同经济发展水平和城市化进程的城市中表现不同。一般而言，城市发展水平越高，邻里配套设施对房价的影响程度越高。

基于此，我们选取了特征价格模型为房价的主要预测模型。该模型主要基于兰卡斯特的消费者行为理论，该理论认为创造效用的不是商品本身，而是其个体特征。因此，可以看出住宅的价格是由这些个体特征的总和决定的。通过以住宅房价为因变量、个体住房特征为自变量的回归模型，可以将房地产价格分解为各类价格决定因素。除受各类价格决定因素影响外，房价存在较为频繁的短期波动，这种波动几乎不受人口、可达性等因素的影响，而住房技术冲击和住房偏好冲击是住房价格发生此类波动的主要原因，因此这种波动不在该模型的考虑范畴内。

一般而言，特征价格建模使用普通最小二乘（OLS）模型，来对残差平方和的最小化进行估计，通过回归来模拟分析城市房价的未来发展趋势。博雅智城·CitySPS 平台引入广义出行成本作为衡量住房位置特征的主要变量，将住房到城市各个区域的交通成本作为一个决定房价的重要特征，构建特征价格模型，以出行成本为主，涵盖影响城市房地产价格的各类因素，综合分析预测城市未来房价发展趋势。然而，OLS 模型对数据质量要求较高，而且未能充分考虑房价的非线性特征。针对这些问题，可采用迭代回归和分位数回归等方法进行优化。

针对目前 OLS 模型预测城市房价存在的一些局限性，博雅智城·CitySPS 平台利用大数据技术和机器学习算法，挖掘更多潜在的房价影响因素，提高预测准确性，结合特征价格模型，同时探索非线性模型在房价预测中的应用，构建混合预测模型，提高预测性能。同时，博雅智城·CitySPS平台引入动态因素，如历史房价数据、政策调整等，提高预测精度。未来我们将继续探索更有效和科学的预测方法，以期为房地产市场调控和政策制定提供有力支持。

6.2 案例城市的住房供需与价格情况

6.2.1 北京住房供给状况

2000～2022年，北京市住宅类房屋竣工面积呈现波动式变化。2000～2005年，住宅类房屋竣工面积呈现正增长，且增长率较高。2006～2015年，住宅类房屋竣工面积的增长率变化不大，一般在正增长和负增长之间波动。近年来，住宅类房屋竣工面积增长率又稍有上升。总体而言，2015年之后的住宅类房屋竣工面积较2015年之前有明显下降（图6-1）。

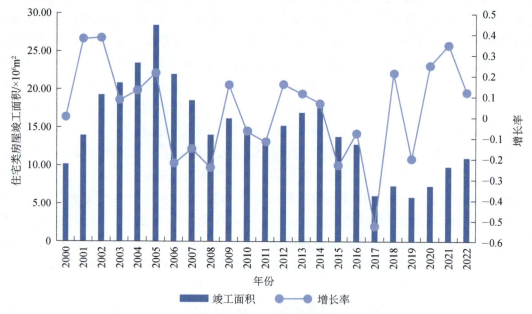

图6-1 2000～2022年北京市住宅类房屋竣工面积及增长率
数据来源：《北京统计年鉴2023》

北京市各区的房屋竣工面积总体也遵循上述变化，如表6-1所示。其中，2015年以前城市化快速发展时期，每年新增的房屋竣工面积主要集中于朝阳区、昌平区和大兴区等城市建设发展较快的区域。2015年之后，新增的房屋竣工面积主要集中于通州区、顺义区等新区及郊区，这也反映了城市化进程和政策形势的变化。分区来看，东城区、西城区等中心城区在近年来几乎无新增竣工房屋，怀柔区、密云区等区新增的竣工面积也较少，近郊区成为近年来房屋竣工面积增长的主要区。

表 6-1　2010～2022 年分区房屋竣工面积　　　　（单位：万 m²）

区域	2022年	2021年	2020年	2019年	2018年	2017年	2016年	2015年	2014年	2013年	2012年	2011年	2010年
全市	1938.48	1983.86	1545.72	1343.28	2384.90	2671.10	3594.00	4170.20	4967.50	3989.70	3723.50	4032.91	3908.40
东城区	6.07	0.24	0.46	3.61	18.70	38.00	7.60	34.80	55.20	37.10	82.80	111.06	99.40
西城区	0.00	17.46	0.00	15.24	23.30	36.20	30.30	160.10	39.20	56.30	70.54	167.26	85.50
朝阳区	67.31	261.30	159.84	279.69	244.90	399.20	496.40	436.60	1004.90	551.70	704.75	1129.44	915.10
丰台区	140.59	223.05	146.69	176.86	213.40	296.20	217.70	193.80	336.70	198.10	220.56	169.35	317.10
石景山区	55.25	66.10	79.86	24.26	22.00	62.50	109.50	56.50	78.30	118.10	80.78	59.08	103.60
海淀区	154.58	304.79	232.56	156.89	215.70	244.90	220.50	377.40	411.50	269.90	346.29	482.61	345.30
门头沟区	34.50	34.80	79.66	82.98	226.80	66.40	105.00	102.10	94.70	142.10	21.75	54.51	46.60
房山区	156.10	60.80	125.90	84.65	181.90	287.40	282.80	304.80	327.90	254.80	207.74	131.63	322.80
通州区	373.54	109.23	185.00	86.76	250.40	155.70	396.10	550.50	495.50	322.50	342.21	387.23	322.90
顺义区	335.83	250.75	93.12	146.14	291.10	190.00	258.70	385.30	331.20	318.30	224.84	241.49	327.00
昌平区	195.76	171.61	103.77	102.20	216.90	215.90	594.00	489.90	388.60	579.60	305.26	200.43	245.90
大兴区	209.32	243.72	136.82	62.37	217.70	185.50	209.10	356.70	625.70	341.50	558.80	331.26	394.00
怀柔区	47.68	31.92	6.49	16.71	43.90	51.20	76.10	151.80	109.30	116.20	109.88	100.10	83.20
平谷区	47.27	10.40	47.61	16.64	84.70	110.40	116.60	168.70	169.00	122.50	150.39	115.46	107.40
密云区	33.59	27.34	46.54	45.57	65.50	95.00	83.30	84.30	180.50	151.20	130.22	105.06	90.00
延庆区	11.42	97.40	8.25	32.74	33.30	39.00	40.80	102.10	107.40	44.70	95.39	72.70	50.00
北京经济技术开发区	69.68	72.94	93.14	9.96	34.80	197.90	249.40	214.90	211.80	365.20	71.30	174.25	52.70

注：北京经济技术开发区数据单独列出，不包含在其他区数据内。

数据来源：历年《北京区域统计年鉴》。

2016～2021 年，北京市的保障性住房竣工套数均多于筹集套数（表 6-2）。如图 6-2 所示，每年度的保障性住房建设任务完成较好，近两年的超额完成套数比例较高，反映了良好的保障性住房建设趋势。从分区保障性住房竣工面积来看，如图 6-3 所示，整体而言，保障性住房主要集中于朝阳区、丰台区、海淀区、通州区等近年来城市化建设较快、人口密度较大的区域，在东城区、西城区等核心区以及城市郊区保障性住房的建设面积较少。此外，2017～2020 年，保障性住房的建设中心有向就业中心和居住中心聚集的趋势。

表 6-2　2016～2021 年保障性住房建设筹集与竣工套数　　　　（单位：套）

类别	2016年	2017年	2018年	2019年	2020年	2021年
筹集套数	56000	65000	54000	66763	68279	61003
竣工套数	64000	90000	54500	80262	98201	83105

数据来源：《北京住房和城乡建设发展白皮书》（2017～2022 年）。

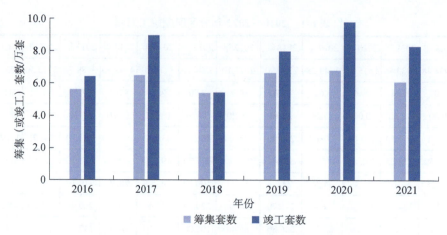

图 6-2　2016～2021 年保障性住房建设筹集与竣工套数

数据来源：《北京住房和城乡建设发展白皮书》（2017～2022 年）

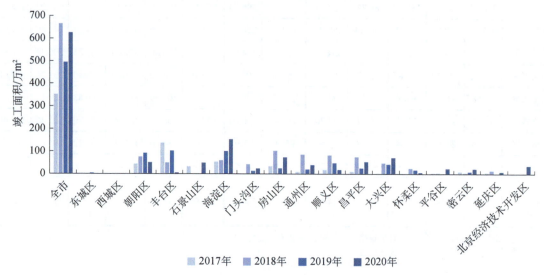

图 6-3　2017～2020 年保障性住房竣工面积（区级）

数据来源：历年《北京区域统计年鉴》

6.2.2　北京住房需求状况

在 2000～2010 年的快速城市化时期，北京市的常住人口规模进入快速增长时期，增长率较高，且增长率持续增加。2011 年开始，北京市的人口增速逐渐放缓，至 2016 年常住人口规模趋于稳定，总量基本趋于不变，如图 6-4 所示。

总体而言，2020 年北京市的家庭户数相较于 2010 年有所增加。其中，通州区、顺义区、昌平区、大兴区等近郊区及城市新区的户数增加较多，在城市的远郊区等其他区域户数增加量较少。此外，东城区、西城区等城市核心区由于受到城市化进程及人口流动变化的影响，2020 年的家庭户数相对于 2010 年有所下降（图 6-5）。

北京市的家庭户总数一定程度上反映了北京市房地产市场需求情况。2010 年之后，北京市的人口增长速度趋于平缓，并在 2016 年后呈现下降趋势。然而在此期间，北京市的家庭户数却有较为明显的增加，反映了在此阶段北京市的房地产市场需求仍在增加。相对于 2010 年左右人口规模对房地产市场需求支撑力较大的情况，在近 10 年来，城市的人口规模对房地产市场需求支撑力逐渐减小，而其他经济、社会因素的影响程度逐渐加大，影响方式也更为复杂。

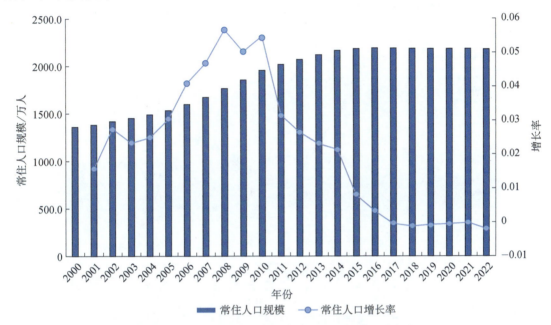

图 6-4　2000～2022 年北京市常住人口规模及增长率

数据来源：《北京统计年鉴 2023》

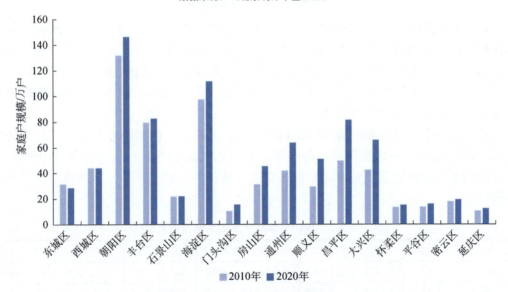

图 6-5　2010 年和 2020 年北京市家庭户规模分布图（区级尺度）

数据来源：2020 年、2010 年《北京市人口普查年鉴》

6.2.3　北京住房的供需平衡分析

　　北京市住宅竣工面积在2000～2016年一直保持在较高的水平，自2016年之后下降较为明显，近年来又有回升趋势，如图6-6所示。北京市住宅销售面积变化趋势整体与住宅竣工面积变化趋势相同。北京市住宅待售面积一直较为稳定，变化不明显。北京市住宅待售面积一直保持在较高水平，且近年来有增加趋势，表明北京市住宅商品房市场供大于求，且此趋势较为明显。

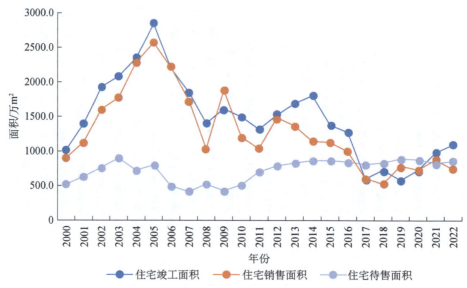

图 6-6　2000～2022年北京市住宅竣工面积、住宅销售面积和住宅待售面积变化趋势

数据来源：《北京统计年鉴2023》

　　如表6-1和表6-3所示，整体而言，北京市的住宅竣工面积一直大于商品房（住宅）销售面积，但差距有历年减小的趋势。从各区来看，2018年以前，北京市各区的住宅竣工面积基本上均大于住宅销售面积，其中以朝阳区、丰台区、房山区、顺义区差距较为明显。2018年以后，各区的住宅竣工面积和住宅销售面积之间差值不断缩小，部分区域出现住宅销售面积大于住宅竣工面积的情况。

　　目前，城市中心城区如东城区、西城区、朝阳区等区域住宅销售面积大于住宅竣工面积，反映出这些区域的房屋供需较为平衡，并有消耗2010～2019年快速城市化建设的房屋库存的情况。而供过于求的情况更明显存在于通州区、顺义区等近年来城市发展建设较快的区域。

表 6-3　2010～2022年分区商品房销售面积　　　　　　（单位：万 m²）

区域	2022年	2021年	2020年	2019年	2018年	2017年	2016年	2015年	2014年	2013年	2012年	2011年	2010年
全市	1039.98	1107.07	970.88	938.86	696.20	875.00	1675.08	1554.74	1458.97	1903.10	1943.74	1440.04	1440.04
东城区	18.59	6.34	2.91	2.52	1.01	6.98	6.63	5.05	3.03	14.30	21.90	28.83	28.83
西城区	1.04	1.51	1.54	0.99	2.72	3.70	12.42	30.91	4.14	34.20	45.36	42.36	42.36
朝阳区	78.55	64.56	93.57	155.38	40.25	102.47	162.39	188.05	285.24	371.80	472.67	389.32	389.32

续表

区域	2022 年	2021 年	2020 年	2019 年	2018 年	2017 年	2016 年	2015 年	2014 年	2013 年	2012 年	2011 年	2010 年
丰台区	91.78	142.31	99.78	148.80	73.24	102.24	142.28	92.98	82.93	130.00	142.06	90.90	90.90
石景山区	76.95	76.93	69.57	58.07	28.58	74.97	55.66	42.17	13.80	54.20	26.56	31.61	31.61
海淀区	82.66	100.47	63.64	49.36	26.42	31.80	61.22	70.82	46.23	80.00	163.98	119.65	119.65
门头沟区	32.80	41.48	33.23	31.35	32.40	33.14	91.24	72.10	59.92	22.50	47.95	6.11	6.11
房山区	115.09	90.52	61.57	61.04	46.51	63.75	180.53	165.71	161.38	185.00	138.88	104.19	104.19
通州区	90.47	118.80	132.48	70.92	81.13	58.69	196.31	221.64	169.48	257.00	189.80	117.40	117.40
顺义区	102.08	118.65	85.37	89.27	76.20	78.33	201.56	144.44	114.23	217.20	129.93	88.36	88.36
昌平区	113.57	103.75	104.83	65.74	107.50	110.01	159.76	178.61	141.98	149.10	190.72	102.93	102.93
大兴区	143.73	109.30	78.96	78.88	45.14	89.86	202.98	179.26	246.98	201.50	220.55	209.77	209.77
怀柔区	21.95	12.07	24.92	22.28	17.48	16.40	17.88	22.40	13.48	45.20	23.18	23.75	23.75
平谷区	19.78	19.14	36.69	21.50	39.91	21.65	76.93	56.54	32.74	23.40	30.18	14.05	14.05
密云区	15.78	26.88	18.51	19.94	38.50	38.36	42.61	35.53	40.92	64.10	52.92	36.44	36.44
延庆区	20.74	13.66	6.23	21.33	8.50	19.17	15.91	10.53	3.20	10.60	16.28	11.10	11.10
北京经济技术开发区	14.44	60.71	57.09	41.48	30.70	23.48	48.79	38.02	39.27	43.10	30.82	23.27	23.27

数据来源：历年《北京区域统计年鉴》。

6.2.4　北京房价情况

总体而言，北京市房价水平一直处于较高水平，自 2014 年起，平均房价水平总体呈现逐步增长趋势（图 6-7）。北京市的房价在空间分布上呈现为中心城区—近郊区—远郊区递减的模式。其房价分布主要呈现为以下特征：

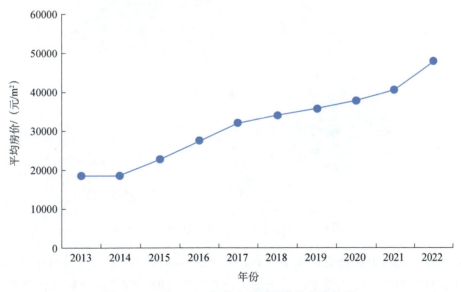

图 6-7　2013～2022 年北京市平均房价变化情况

数据来源：历年《中国统计年鉴》

第一，中心城区和远郊区的房价差距明显。中心城区，如西城区、东城区等，房价水平平均在 12 万元左右。远郊区，如房山区、怀柔区、延庆区等，房价水平平均在 3 万元以下，如图 6-8 所示。第二，房价与社会资源丰富水平相关程度较高。相较于其他发展水平的城市，北京市住房价格的影响因素中，邻里配套设施的完善程度影响力要大于房屋自身条件的影响程度。例如，在中心城区的几个行政区中，西城区、海淀区等教育资源发达的行政区域，房价水平高于其他行政区。在城市近郊区，由于轨道交通换乘站或终点站带来的交通资源，其房价也会有小幅度的上升。第三，房价与政策相关性较高。北京市的人口政策和房地产调控政策对房价的影响较为明显。例如，2023 年 5 月，住房和城乡建设部与国家市场监督管理总局联合发文，要求房地产经纪机构合理降低住房买卖和租赁经纪服务费用，使得当月北京市房价上涨了 0.36%。第四，北京市房价在一年四季之间存在一定的波动。例如，在一季度房价相对较高，而随着市场供应量的增加和购房需求的减弱，房价在夏季和秋季有所下降。第五，受市场观望情绪影响较大。在当前北京市房价持续走高的背景下，部分购房者仍在观望市场动态，这可能导致房价波动加剧。

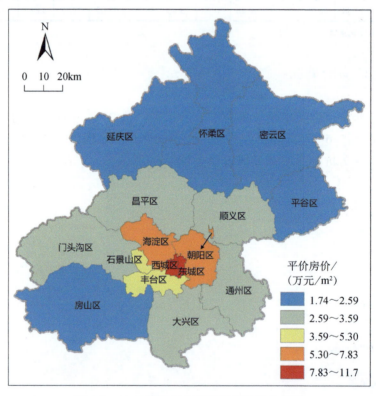

图 6-8　2023 年北京市各区房价现状分布图

总而言之，北京市房价总体水平较高，呈现出中心向郊区递减的空间分布模式，梯度差距较大，且影响因素较为复杂，受交通、公共服务资源、政策调控和社会经济发展等多种因素的影响。

6.3　城市整体住房供需预测

如图6-9所示，2025～2035年，北京市住房需求整体呈现先小幅度下降，后明显上升的趋势。这主要是受到城市常住人口规模上升、城市人口年龄结构变化，以及经济发展导致人均住房面积上涨等因素影响。

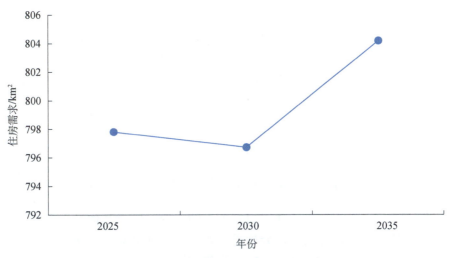

图6-9　2025～2035年北京市住房需求变化预测

6.3.1　城市住房需求预测

图6-10展示了2025年北京市各行政区的住房需求，总体呈现出除东城区、西城区外，由中心城区向郊区递减的趋势，且中心城区与远郊区水平差异明显。这种情况主要是东城

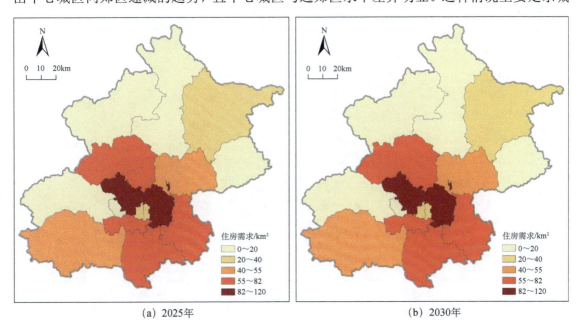

（a）2025年　　　　　　　　　　　（b）2030年

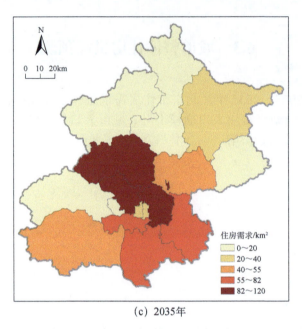

(c) 2035年

图 6-10　2025年、2030年和2035年住房需求预测图（区级尺度）

区、西城区城市建设趋于饱和、常住人口规模不断下降，同时其他城市中心区的就业和居住较为密集导致的。如图6-11所示，分街道来看，2025年北京市住房需求较高的街道主要为中心城区和近郊区等就业和居住需求较为密集的区域。此外，由于城市新区开发建设、远郊区城市化、城市轨道交通建设不断发展等，远郊区的部分区域住房需求较为明显的大于其周边区域。2030年，北京市分区的住房需求同样呈现出除东城区、西城区外，由中心城区向郊区递减的趋势，总体布局和需求水平与2025年差别不大。如图6-11所示，分街道来看，2030年北京市住房需求较高的街道仍然为中心城区和近郊区等就业和居住需求较为

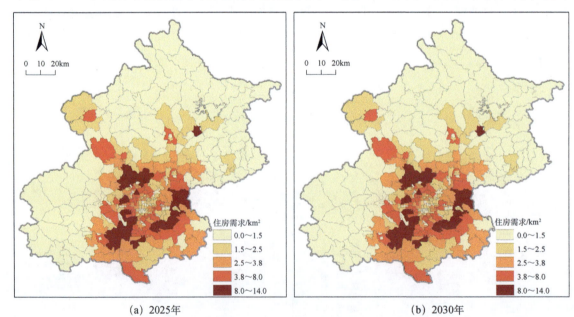

(a) 2025年　　　　　　　　　　　　　　　　(b) 2030年

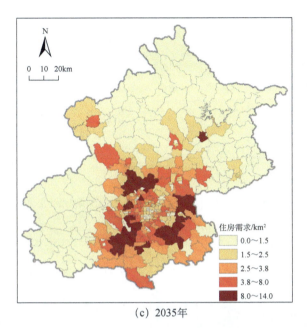

(c) 2035 年

图 6-11   2025 年、2030 年和 2035 年住房需求预测图（街道尺度）

密集的区域，且总体布局和需求水平与 2025 年差别不大。如图 6-10 所示，2035 年，北京市分区的住房需求同样呈现出除东城区、西城区外，由中心城区向郊区递减的趋势，但整体需求水平较 2030 年有较为明显的增加。其中，昌平区、石景山区、平谷区的住房需求上升较为明显，一定程度上反映出北京未来一段时间内的城市发展趋势和人口流动模式。如图 6-11 所示，分街道来看，2035 年北京市住房需求较高的街道仍然为中心城区和近郊区等就业和居住需求较为密集的区域，且在近郊区的增幅较为明显。

6.3.2   城市住房供给预测

2025～2035 年北京市住房供给情况整体呈现较为平稳且明显的上升趋势，如图 6-12 所示。这主要是受到北京市用地类型未来变化情况、城市开发建设政策以及一系列社会因素影响。

图 6-13 展示了 2025 年北京市分区的住房供给状况，总体呈现出除西城区外由中心城区向郊区递减的趋势，且城市南部住房供给水平明显大于城市北部。这种情况主要是西城区城市建设用地趋于饱和、常住人口规模不断下降、在北京市未来的城市规划政策中新增居住用地较少，同时中心城区的其他行政区的居住用地新增空间较大以及城市化发展阶段的变化而导致的。2030 年，北京市分区的住房供给同样呈现出除西城区外由中心城区向郊区递减的趋势，总体布局与 2025 年差别不大，新增供给在各区分布较为均匀。

分街道来看，2025 年北京市住房供给较高的街道主要为中心城区和近郊区等就业和居住需求较为密集的区域，且在城市近郊区的增幅较为明显。这些区域是北京市未来城市化的重点区域，因此新增的住房供给也较多。此外，由于城市新区开发建设、远郊区城市化、城市轨道交通建设不断发展等，远郊区的部分区域住房供给较为明显地大于其周边区域（图 6-14）。

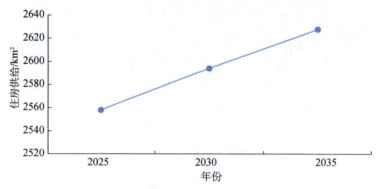

图 6-12 2025～2035 年北京市住房供给预测变化

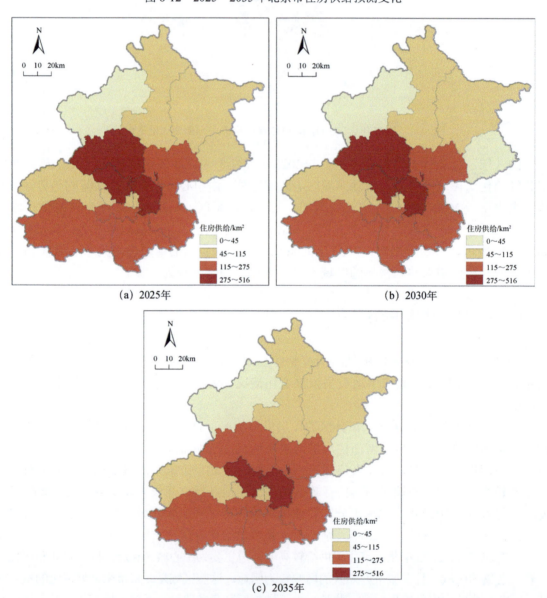

图 6-13 2025 年、2030 年和 2035 年住房供给预测图（区级尺度）

　　2035 年北京市住房供给较高的街道仍然为中心城区和近郊区等就业和居住需求较为密集的区域，且总体布局与 2025 年差别不大，新增的供给主要集中在城市中心区及城市郊区。2035 年，北京市分区的住房供给同样呈现出除西城区外由中心城区向郊区递减的趋势，但昌平区的供给面积有所下降，而平谷区的供给面积有所上升，其他区域的变化不明显。这一定程度上反映出北京未来一段时间内的城市化趋势和城市规划发展方向。

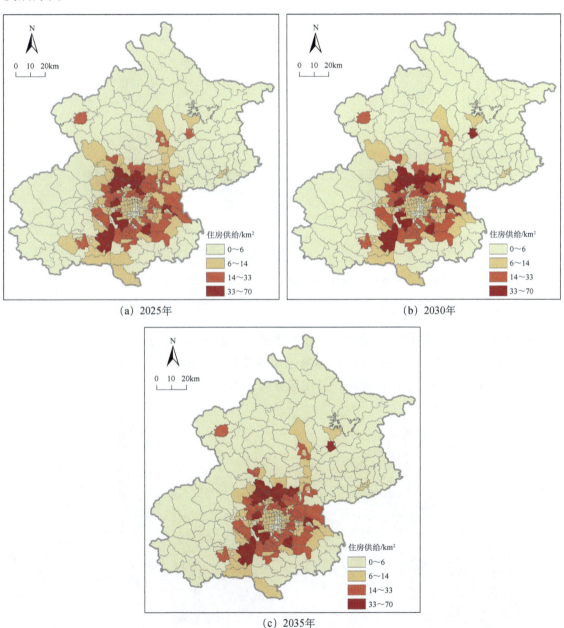

(a) 2025年　　　　　　　　　　　(b) 2030年

(c) 2035年

图 6-14　2025 年、2030 年和 2035 年住房供给预测图（街道尺度）

6.3.3 城市住房供需平衡预测

1. 整体供需平衡

2025～2035年，北京市住房供给水平和住房需求水平均呈现增加趋势，且住房供给水平均明显大于住房需求水平。这种差距呈现出较为缓慢的下降趋势。这反映出在未来十年时间内，北京市的住房市场整体仍然呈现较为明显的供需不匹配情况。这种情况虽然呈现逐渐缓和趋势，但整体的供需失调问题仍然较为明显，如图6-15所示。

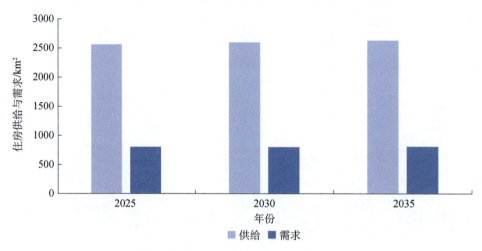

图6-15　2025年、2030年和2035年北京市住房供给与需求对比图

2. 分区供需平衡空间布局

计算北京市各区的住房供给水平和住房需求水平的比值，可以较为明显地反映出北京市各区的住房供需平衡情况。如图6-16所示，整体而言，2025年、2030年、2035年北京市各区的住房供给均大于住房需求，且在部分区较为明显。

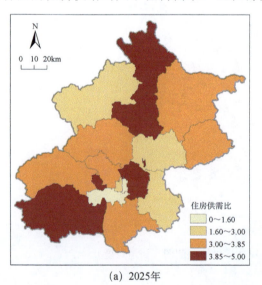
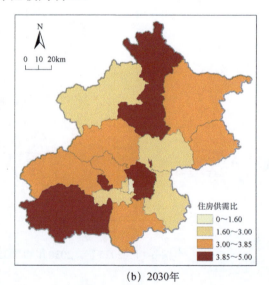

　　　　(a) 2025年　　　　　　　　　　　　　　　　(b) 2030年

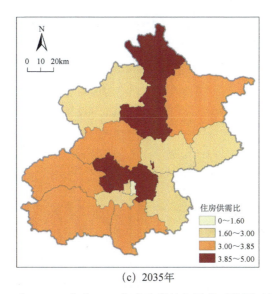

(c) 2035年

图 6-16 2025年、2030年和2035年住房供给与需求对比图（区级尺度）

2025年，北京市分区的住房供需比总体呈现出西部地区较高、东部地区较低的分布趋势。其中，东城区、丰台区等区域的供需比小于1.6，呈现较为均衡的水平。在朝阳区、房山区和怀柔区，住房供需比大于4，呈现出极为明显的供过于求情况。这种情况主要是由于东城区、丰台区等区域城市化建设已经趋近于完成，住房新增供给空间小，且人口流入水平不高。而朝阳区、房山区和怀柔区等区域处于城市化进程快速推进的状态，因此城市住房供给水平较高，住房供过于求情况明显。2030年，北京市分区的住房供需比仍然呈现出西部地区较高、东部地区较低的分布趋势。相较于2025年，房山区的住房供过于求的情况一定程度上得到缓解，而丰台区的住房供需比有所增加。2035年，北京市分区的住房供需比仍然呈现出西部地区较高、东部地区较低的分布趋势，总体布局和水平与2030年差异不大。其中朝阳区和怀柔区的住房供过于求问题仍然较为突出。

3. 关键的住房供需不平衡地区

计算北京市各街道的住房供给水平和住房需求水平的比值，可以较为明显地反映出北京市各街道的住房供需平衡情况。如图6-17所示，整体而言，2025年、2030年和2035年北京市大部分区域的住房供给均大于住房需求，在中心城区、近郊区和远郊区的住房供需比较大。在城市远郊区的街道，呈现出住房供给小于住房需求的情况。此外，住房供过于求的情况整体上随着时间推移趋于缓解。

2025年，北京市分区的住房供需比总体呈现除东城区、西城区外由城市中心区向城市郊区递减的趋势。其中，东城区及部分城市近郊区的部分街道住房供需比小于1，呈现需求大于供给的情况，表明这些区域的住房供需水平较为均衡。城市核心区外围街道是住房供过于求问题较为明显的区域，部分区域的住房供需比甚至大于10。此外，在城市远郊区的部分区域，由于新区开发建设及城市轨道交通建设发展，供过于求的情况也较为明显。而在2030年，北京市分区的住房供需比仍然呈现除东城区、西城区外由城市中心区向城市郊区递减的趋势，总体布局和水平与2025年差异不大。其中，供过于求情况整体上趋于缓解，这种趋势在城市郊区更为明显。到2035年，北京市分区的住房供需比仍然呈现除东城区、西城区外由城市中心区向城市郊区递减的趋势，总体布局和水平与2030年差异不大。供过于求情况进一步缓解，但在部分城市近郊区和郊区开发区，供过于求问题仍然较为严峻。

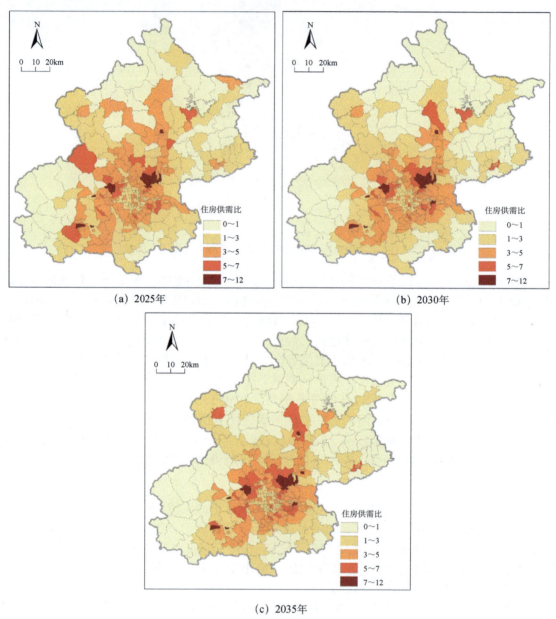

图 6-17　2025 年、2030 年、2035 年住房供给与需求比图（街道尺度）

6.4　城市房价预测

6.4.1　城市整体房价预测

综合 2025 年、2030 年和 2035 年的预测结果分析北京市 2025～2035 年房价增长特征发现，相较于 2025～2030 年的房价上涨幅度，2030～2035 年的房价上涨幅度有所减缓，稳定在 6 万～7 万元，反映出北京市的房价正在逐步趋向合理水平。这可能是合理的城市房地产调控政策和交通改善的边际效用递减所导致的。据此可以合理判断出未来更多年份的北京市房价上涨趋势，为政策制定者和相关规划提供参考。

博雅智城·CitySPS 平台预测显示，2025 年、2030 年和 2035 年北京市房价按行政区推演结果如图 6-18 所示。2025 年，北京市的房价分布呈现中心城区—近郊区—远郊区递减

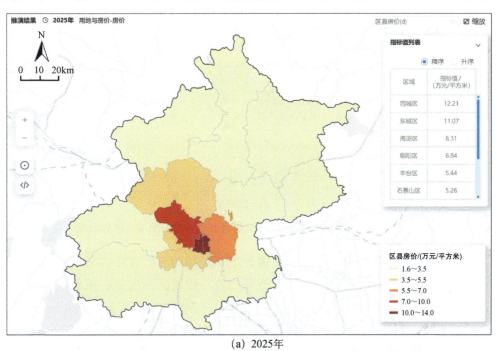

(a) 2025年

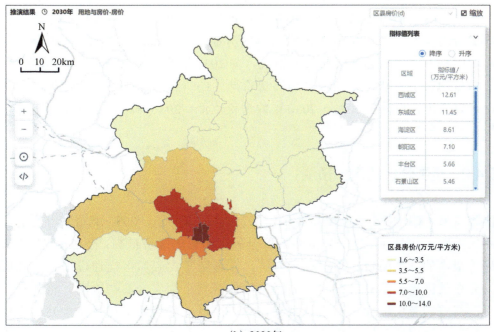

(b) 2030年

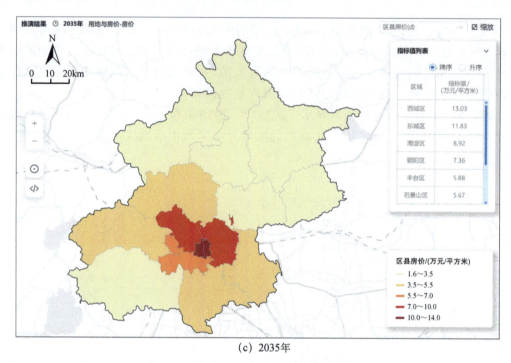

(c) 2035年

图6-18 2025年、2030年和2035年北京市房价推演结果（区级尺度）

的模式，且远郊区房价水平与中心城区的房价水平差距明显。这种情况与所在区域的交通资源丰富程度呈正相关。其中，由于配套资源完善，西城区的房价在所有城区中最高，超过11万元。

2030年，北京市的房地产价格分布情况仍然呈现中心城区—近郊区—远郊区递减的模式，与现状和2025年水平无较大差异。在北京市的各个行政区中，西城区的房价在所有城区中排名仍然最高，同时随着城市经济发展和公共服务设施的完善，各个行政区的房价均有所上涨。2035年，北京市的房地产价格分布规律无较大变化，仍然呈现中心城区—近郊区—远郊区递减的模式，与2030年的分布无较大差异。城市各个行政区的房价均有所上涨，且西城区等高房价地区的价格上涨幅度仍然稍大。同时，通过对比可以看出，相较于2025～2030年的房价上涨，2030～2035年的房价上涨幅度有所减缓。

6.4.2 重要地区的房价预测

博雅智城·CitySPS平台预测显示，2025年、2030年、2035年北京市房价分街道推演结果如图6-19所示。2025年，西城区金融街街道的房价最高，高达15.78万元/m²。其中房价最高的几个街道都集中在西城区、东城区等中心城区交通设施、公共服务设施较为完备的区域。此外，在中心城区外的地区有个别房价高峰地区。将其与北京市轨道交通线路图及用地性质图结合来看，这些区域一般为轨道交通换乘站、终点站等地点，且多为城市高新技术开发片区或住宅区。

　　2030年，房价最高的几个街道仍然都集中在中心城区，同时可以看出这些中心城区街道的房价上涨幅度相较于其他区域更大。可能是这些区域的交通水平完善程度更高、公共

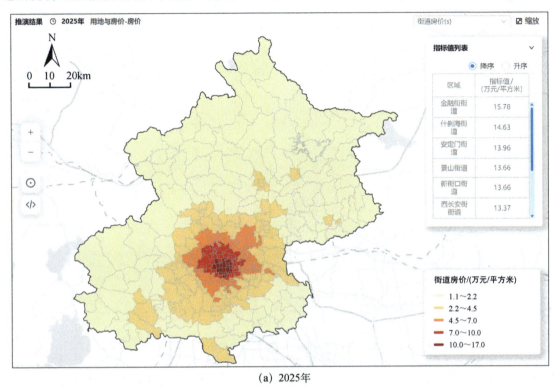

(a) 2025年

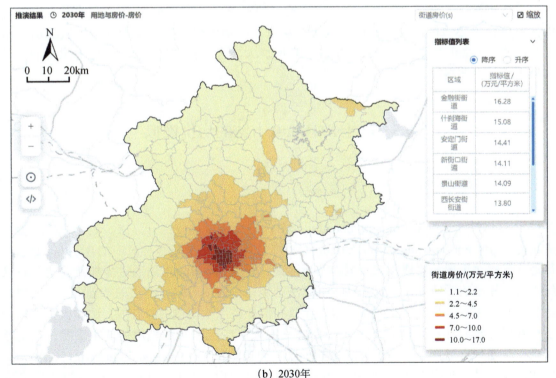

(b) 2030年

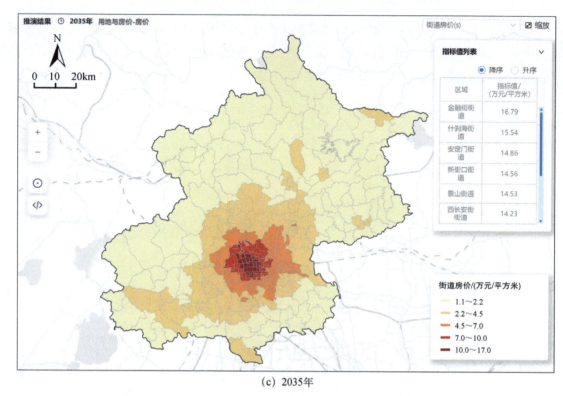

(c) 2035年

图 6-19　2025年、2030年、2035年北京市房价推演结果（街道尺度）

服务资源价值更有持续性导致的。此外，在近郊区部分出现了新的房价高峰地区，这可能得益于城市新建轨道交通线路和公共交通设施的不断完善。2035年，房价最高的几个街道仍然集中在中心城区，原有的近郊区部分房价高峰地区仍保持着高于周边地区的房价水平。同时，北京市高房价的核心区域面积有所扩大，这也反映了城市交通服务水平的提升和经济社会的发展。

6.5　基于XGBoost方法的房价模拟

6.5.1　方法介绍

XGBoost（extreme gradient boosting）算法，即极度梯度提升算法，是一种梯度提升决策树（gradient boosting decision tree，GBDT）算法。与随机森林对应的Bagging方法并行进行多棵决策树的集成学习不同，提升树算法使用Boosting方法通过添加新的决策树来纠正之前模型的预测残差，而XGBoost算法则是在一般的GBDT算法的基础上，在工程和数学层面上进行优化，以及进行分布式计算和单棵树层次上的并行计算，这样极大地提升了提升树算法的计算效率，其还引入了$L1$正则项、$L2$正则项和使用剪枝策略防止模型过拟合，并通过自适应学习率等方式提升了模型的预测精度（Chen and Guestrin，2016）。XGBoost算法近些年来已在机器学习领域被大量使用，被广泛用于各类回归和分类问题中。

特征价格模型（hedonic price model）的本质是对商品或服务价格与其属性的关系进行建模（Chau and Chin，2003）。在房地产领域，特征价格模型用于解释房屋价格与房屋本身特征（如面积、卧室数量、卫生间数量等）以及外部环境（如邻里环境、学区、交通便利性等）之间的关系。传统的线性回归模型或以半对数形式表达的线性回归模型是特征价格模型的一种常见表达形式，式（6-1）是线性回归形式的特征价格模型，其中 Y 表示房价，X 表示体现房屋内外属性的输入特征，β 是待估计的参数，可以视作各特征对应房价的边际价值。这些模型本质上仍然属于广义线性模型，使用此类模型计算较为简便，可以对各输入特征与房价之间的关系进行较方便的解释，但难以捕获城市复杂系统中房价与其他特征之间复杂的非线性关系，也无法对阈值效应等城市系统中的现实现象进行体现。

$$Y = \beta X + \varepsilon \qquad (6-1)$$

使用 XGBoost 算法作为特征价格的表达形式已有学者开展研究，可以有效弥补线性模型对非线性关系捕获能力的不足。博雅智城·CitySPS 平台也基于 XGBoost 算法建立了房价模型，兼顾输入数据制备与其他模块的变量输出以及模型整体的循环迭代过程，其表达形式可如式（6-2）所示，其中，$\text{XGBoostRegressor}(X)$ 表示 XGBoost 回归模型，Y 表示房价，X 表示与房价相关的各个特征，(t) 表示预测时期，$(t-1)$ 表示预测时期的上一个时期，$Y^{(t-1)}$ 表示上一个时期的房价，是对该时期住房周边环境的综合体现，$X^{(\Delta)}$ 表示预测时期的特征与预测时期上一个时期的特征的差值，反映了两个时期住房周边建成环境的变化情况。该模型综合体现了住房本身的建成环境特征及这些特征随城市演进的变化情况，这里使用该模型以北京市 2020 年和 2019 年房价数据作为两个时期的房价数据构建模型，同时以土地利用特征、社会经济特征和交通出行特征作为房价数据周边建成环境的综合反应，训练过程使用的超参数及其参数取值范围如表 6-4 所示。训练得到的模型在测试集达到的 R^2 超过 0.999，取得了很好的模型效果。

$$Y^{(t)} = \text{XGBoostRegressor}\left(Y^{(t-1)}, X^{(\Delta t)}\right) \qquad (6-2)$$

表 6-4 XGBoost 模型参数

参数名称	参数含义	参数搜索范围
learning_rate	学习率，控制每次迭代更新的步长	[0.0, 0.02, 0.05, 0.1]
max_depth	每棵树的最大深度	[4, 5, 6, 7, 8, 9, 10]
subsample	每棵树训练时抽样的比例	[0.8, 0.85, 0.9, 0.95]
colsample_bytree	每棵树训练时抽样的特征比例	[0.8, 0.9, 1.0]
min_child_weight	子节点的最小权重和	[1, 2, 3, 4, 5]

6.5.2 预测结果

在推演结果上，对机理模型和上述训练得到的 XGBoost 模型 2021 年的计算结果进行简单对比。如前所述，XGBoost 模型是对原始房价数据进行预测，为了与机理模型在同一层次上进行对比，这里需要对预测结果进行简单的空间聚合。同时，由于房价数据在空间上的分布是不均匀的，部分街道没有房价数据，这里对其进行了"无房价数据"的图例展示。2021 年的房价数据真值数据如图 6-20 所示，可以看出，北京市 2021 年房价依然呈现由中心城区向郊区递减的空间分布格局，且中心城区的房价数据分布远比郊区密集，超过 10 万元/m² 的房价数据集中分布在东城区、西城区、海淀区和朝阳区，门头沟区、怀柔区、延庆区和密云区等房价数据分布稀疏且整体房价较低。

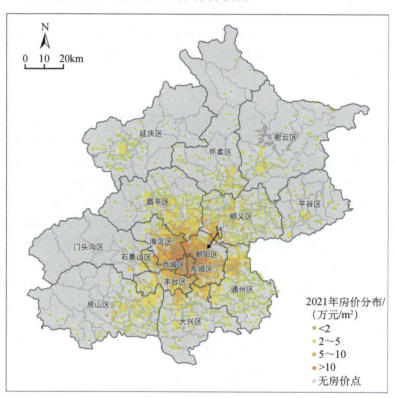

图 6-20　北京市 2021 年房价分布

　　模型的预测结果如图 6-21 所示，可以看出，预测结果与真值的空间分布在整体上保持了一致，也呈现由中心城区向郊区递减的空间分布格局，东城区和西城区的房价最高，平均房价超过了 10 万元/m²，朝阳区、海淀区和石景山区的平均房价在 5 万～10 万元/m²，除延庆区外的其他远郊区的平均房价在 2 万～5 万元/m²，延庆区的平均房价低于 2 万元/m²。

　　XGBoost 模型和机理模型与真值的误差对比如图 6-22 和图 6-23 所示。可以看出，无论是区级结果还是街道级结果，从预测误差超过 5% 的预测单元数量上看，XGBoost 模型的预测误差都明显低于机理模型的预测结果；但从预测结果与真值相比较的 R^2 来看，区级尺度二者的 R^2 分别为 0.98、0.97，街道尺度二者的 R^2 则均为 0.93，可见二者的 R^2 差距较小。此外，就较大误差分布的行政单元的空间位置而言，机理模型对远郊区的预测误差比

XGBoost模型的更大，XGBoost模型的预测结果则没有此表现。整体而言，从预测精度来看，可以认为，XGBoost模型的预测结果稍优于机理模型的预测结果，使用XGBoost机器学习算法提升了模型的预测效果。此外，对于决策树类回归模型而言，可以通过特征重要性和部分依赖图等对预测结果进行一定程度的解释，后续可以将模型的解释性图文也纳入平台之中，以加强模型原理的展示。

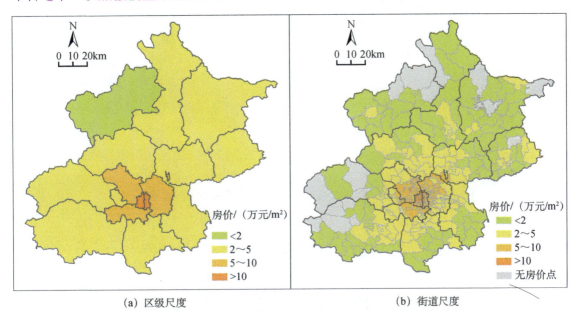

图 6-21　XGBoost模型北京市2021年房价预测结果
（区级尺度、街道尺度）

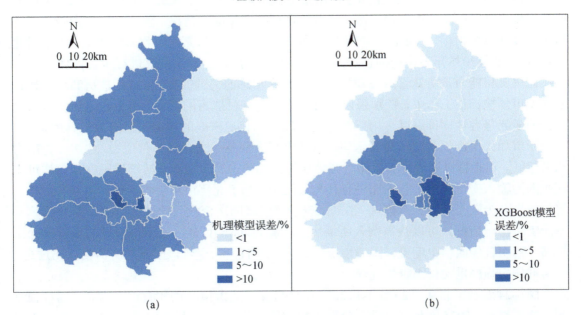

图 6-22　机理模型和XGBoost模型预测结果误差（区级尺度）

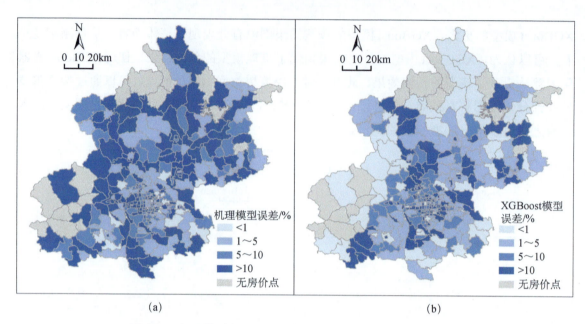

图 6-23　机理模型和 XGBoost 模型预测结果误差（街道尺度）

6.6　住房供需与房价的诊断与智慧预警

　　房地产价格模块对住房供需冲突、住房支付能力和城市新增住房与人口匹配度三个指标进行预警。城市新增住房与人口匹配度指的是新建住宅的供应量与城市人口增长需求之间的协调关系；住房供需冲突指标通常用来衡量房地产市场中住房供应量与需求量之间的匹配程度，可以反映市场是否平衡，是否存在过剩或短缺的情况；住房支付能力是衡量住房可购性的重要指标，代表家庭购买住房所需支付的价格与家庭年收入的比率。本节对北京市 2025 年和 2035 年各街道的住房房价收入比和住房供需冲突情况进行预警评估。

　　住房支付能力是衡量普通民众生活水准和幸福感的关键因素。2020 年住房和城乡建设部的城市体检评估工作中，特别强调了对城市住房支付能力的评估。房价收入比作为一个关键的多元包容性评价维度，用以衡量购房家庭和租房家庭的住房支付能力。具体来说，一个城市如果房价收入比较高表示该地区的购房者面临较大住房支付压力，住房支付能力相对较低。该指标以区域住房价格、城镇居民人均住房建筑面积、城镇居民家庭人均可支配收入为输入变量对房价收入比进行计算。同时，基于北京市房价收入比计算结果，将预警阈值划分为三个等级：合理（＜6），表示该区域的房价收入比较为合理，购房群体基本无支付困难情况，可以按需购入所需房产；警告（6～11），表示该区域的房价收入比较高，购房群体面临中度支付困难情况；风险（＞11），表示该区域的房价收入比过高，购房群体面临严重支付困难情况。

　　图 6-24 展示了北京市 2025 年和 2035 年住房支付能力预测预警的对比情况。通过预测预警结果来看，2025 年北京市大部分街道的购房群体面临支付困难情况。其中，住房支付能力呈风险预警的街道有 224 个，警告区域有 88 个，而合理区域为 4 个，仅占北京市总街

道数量的 1.3%。从空间上看，购房群体住房支付能力严重困难的街道大多分布在城市中心区域，少部分分布在城市外围地区；合理区域则分布在城市西部的外围地区，为门头沟区的 4 个街道；其余街道全部处于警告状态。购房群体的住房支付能力困难现象表示 2025 年北京市大部分区域发展水平处于失衡状态等多个问题，如房价与收入不匹配，或当地房价远高于当地居民的收入水平。

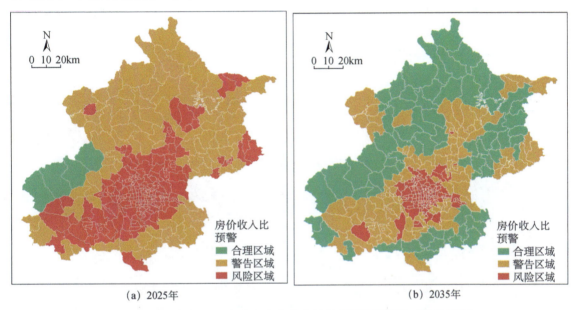

（a）2025年　　　　　　　　　　（b）2035年

图 6-24　2025 年与 2035 年北京市住房支付能力预测预警图（街道尺度）

对比 2025 年住房支付能力预测预警情况来看，2035 年北京市购房群体住房支付能力明显好转，其中住房支付能力呈风险预警的街道有 127 个，较 2025 年减少 97 个；警告街道有 116 个；而合理街道 73 个，较 2025 年增加 69 个。从空间上看，购房群体住房支付能力严重困难的街道依旧分布在中心城区，与 2025 年相比，住房支付能力风险区域呈现从外围到中心城区逐步缓解状态，如昌平区、顺义区、大兴区和房山区部分街道的住房支付能力由风险状态转为警告状态；购房群体住房支付无困难的街道明显增加，大多分布在北京市北部远郊区，如延庆区、怀柔区和密云区，通州区住房支付能力预警情况 2025～2035 年呈缓解趋势，代表该区域的购房群体收入水平逐渐提高，房价逐渐与居民收入水平相匹配，住房市场的供需关系更为平衡。

供需平衡是实现房地产市场平稳和满足居住需求的前提，而住房供需冲突指标通常用来衡量房地产市场中供应与需求之间的匹配程度。当供应无法满足需求时，可能导致房价上涨、租金增加，进而影响居民的住房支付能力。住房供需冲突预警指标基于供给住房面积和需求住房面积计算比值，对城市住房平衡和供需情况进行预警。预警阈值方面，供需比在 1～1.5 之间为绿色合理范围，表示该区域供需平衡，住房的供给量与需求量大致相等，供需比越接近 1∶1 越为理想状态；供需比大于 1.5 为黄色警告范围，代表该区域住房供给量大于住房需求量，存在过剩现象；供需比小于 1 为红色风险范围，代表该区域住房供给量小于住房需求量，住房供给存在不足。区域住房短缺表示该区域可能面临房价上涨、房地产市场竞争加剧，或居民购房难度增加的社会现象。图 6-25 展示了北京市 2025 年和

2035 年住房供需比预测预警的对比情况。通过预测预警结果来看，2025 年北京市整体的住房供需情况存在不平衡现象，住房供需冲突严重。其中，住房供需呈风险预警的街道有 58 个，警告区域有 226 个，而合理区域仅为 32 个，可以得出，北京市 2025 年整体住房情况存在住房供给过剩的现象。从空间上看，住房供需风险状态的街道大多分布在远郊区，表示北京市 2025 年远郊区大多存在住房短缺和供给不足的现象；中心城区和远郊区的部分街道处于供需平衡状态，而其他近郊区大部分街道处于警告状态，出现住房供给过剩现象。

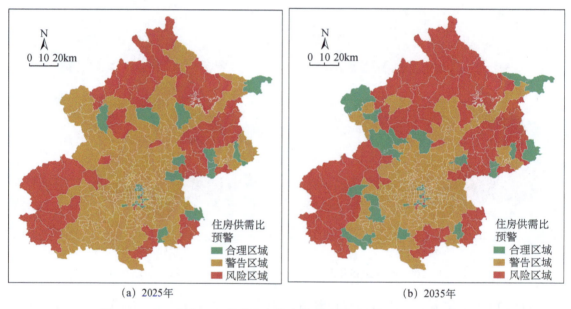

(a) 2025 年　　　　　　　　　　　　　(b) 2035 年

图 6-25　2025 年与 2035 年北京市住房供需比预测预警图（街道尺度）

2035 年北京市整体的住房供需不平衡状态加剧，其中风险区域的数量较 2025 年明显增加。从统计结果来看，住房供需呈风险预警的街道有 74 个，较 2025 年增加 16 个；警告区域有 202 个，较 2025 年减少 24 个；而合理区域为 40 个，较 2025 年增加 8 个。对比北京市 2025 年和 2035 年的住房供需比预测预警情况，北京市 2035 年比 2025 年中心城区和部分近郊区住房供给过剩情况较为好转，而远郊区的住房供给短缺情况加剧。

参 考 文 献

Chau K W, Chin T. 2003. A critical review of literature on the hedonic price model. International Journal for Housing Science and Its Applications, 27 (2): 145-165.

Chen T, Guestrin C. 2016. XGBoost: A Scalable Tree Boosting System. San Francisco: Proceedings of the 22nd ACM Sigkdd International Conference on Knowledge Discovery and Data Mining.

第 7 章

城市生命体运行模拟预测：
交通需求

7.1　交通需求预测的技术原理与方法

交通需求预测模块对于居民交通出行需求的预测主要分为两个步骤。首先构建多元线性回归模型，分人群、分空间单元预测居民出行比例，结合人口模块预测结果，计算目标年份实际参与出行的居民数量及类别，然后构建出行链模型，将参与出行的居民的出行行为按其典型出行模式分配到空间当中，得到各空间单元的交通生成量、吸引量及各空间单元间的交通分布矩阵。基于这一思路，研究将交通模型中的分散模型及模拟模型进行综合使用，以综合两类模型的优势，这在一定程度上弥补了以往交通研究中分散模型仅用于特定区域、特定群体的中微观研究，模拟模型因其模拟流程基于理论状况，导致存在实际模拟误差较大等模型缺陷。

预测居民出行比例时，基于空间相互作用理论、出行成本理论、社会心理学理论等，筛选影响居民出行行为的重要因素，考虑各类要素对城市交通需求的影响机理和影响程度，在此基础上选取适当的方法与指标构建多元回归模型。通过具体分析各类居民出行比例与土地利用、交通水平、社会经济要素之间的关系，标定各项指标要素的回归系数，以此为基础对目标年居民出行比例进行预测，从而提高空间单元交通生成量的预测精度。

预测居民出行空间分布状况时，基于时间地理学理论、出行选择理论、出行活动理论，考虑居民出行活动的目的及其对应的典型模式。基于手机信令数据提取基期年居民出行活动形成的典型出行链，计算出行目的地的选择概率及转移概率，结合驻留分析技术对居民的居住地、工作地进行识别，以此区分基于家、非基于家的出行行为，判断空间单元在出行中的生成、吸引性质，得出交通出行总量、生成量、吸引量和交通分布量等关键性需求指标，实现对交通需求的时空模拟。

7.2　案例城市交通设施与需求状况

7.2.1　北京市交通设施的发展情况

北京市是我国重要的交通枢纽和客运中心，承担着与全国各地的客运运输任务。国道、高速路、快速路、主干道等在北京市内构成了市域内多层次、复杂交叉的道路网络，市域内主要区域路网呈环状分布，环路系统连接了城市各个区域。根据由北京交通发展研究院发行的《2023北京市交通发展年度报告》得到北京市交通设施的发展情况。

对外交通方面，全市截至 2022 年：公路总里程达到 22362.8km，公路网密度达到 136.3km/10^2km^2。其中，高速公路 1196.3km，一级公路 1429.3km，二级公路 3936.8km，三级公路 4140.8km，四级公路 11659.7km。公路客运完成 2358.3 万人次，比 2021 年下降 13.4%。铁路完成投资 46.2 亿元，比 2021 年下降 67.8%，营业线路里程达到 1353.7km，比 2021 年增加 1.0%。北京丰台站及京唐城际开通，客运专线里程达 355.9km，比 2021 年增加 11km，同比增长 3.2%，铁路复线率达到 59.7%，电气化率达到 63.3%。铁路旅客发送量 3906.7 万人次，比 2021 年下降 54.3%。民用航空方面，首都国际机场共有 3 条跑道、停机位 372 个，定期通航航点达到 210 个，其中国内航点 147 个，国际航点 63 个。大兴国际机场共有 4 条跑道、停机位 343 个，定期通航航点为 155 个，全部为国内航点。航空进出港旅客 2298.1 万人次，比 2021 年下降 60.2%，其中首都国际机场航班起降 15.8 万架次，进出港旅客 1270.3 万人次，大兴国际机场航班起降 10.6 万架次，进出港旅客 1027.8 万人次。

市内交通方面，全市截至 2022 年：市郊铁路共有 4 条，即 S1 副中心线、S2 延庆线、S5 怀密线和 S6 通密线，运营里程 400km，与 2021 年持平，运营车站 24 座，全年共计开行列车 14317 列。全年发送旅客量 121.3 万余人次，比 2021 年下降 28.5%。其中，S1 副中心线为 47.1 万人次，比 2021 年下降 31.5%；S2 延庆线为 19.2 万人次，比 2021 年下降 44.3%；S5 怀密线为 42.4 万人次，比 2021 年下降 23.9%；S6 通密线为 12.6 万人次，比 2021 年增加 16.7%。地铁运营线路达 27 条，运营里程增至 797.3km，比 2021 年增加 14.3km，全地铁网地铁车站 470 座，其中，换乘站 78 站，运营车辆 7274 辆，比 2021 年增加 164 辆。全年行驶里程 68800.8 万车公里，比 2021 年增加 3.6%，完成客运量 22.6 亿人次，比 2021 年下降 26.4%，日均客运量 620.1 万人次，最高日客运量达到 1047.0 万人次，工作日日均进站量为 406.58 万人次，换乘量为 335.42 万人次。城区公共汽（电）车线路总数增至 1291 条，比 2021 年增加 74 条，保持持续增长态势，运营线路长度 30174km，比 2021 年增加 1594km，运营车辆 23465 辆，比 2021 年增加 386 辆，施划公交专用道里程 1005km，与 2021 年持平。城区公共汽（电）车行驶里程 98730 万 km，比 2021 年下降 13.6%，完成客运量 17.3 亿人次，比 2021 年下降 24.8%，日均客运量 473 万人次，比 2021 年下降 24.8%。郊区公共汽（电）车运营线路 349 条，比 2021 年下降 13.4%，运营线路长度 12686km，比 2021 年下降 7.1%，运营车辆 4266 辆，比 2021 年下降 11.9%。郊区公共汽（电）车完成客运量 18786 万人次，比 2021 年下降 26.2%，完成旅客周转量 260397 万人公里，比 2021 年下降 14.0%。城区城市道路长度共计 6209km，其中城市快速路 397km，城市主干路 1040km，城市次干路 703km，支路及以下 4069km，道路总面积达 10892 万 m²。郊区城市道路里程共计 2472.5km，其中主干路 626.6km，次干路 771.2km，支路及以下 1074.7km。

图 7-1 展示了 2020 年北京市六环附近区域的路网情况、公交站点分布、地铁站点分布和地铁线路情况。

7.2.2　北京市交通需求变化

根据北京市交通发展研究院发行的历年《北京市交通发展年度报告》，绘制北京市 2003~2022 年日均出行总量、人均日出行次数、出行方式结构变化，如图 7-2～图 7-5 所示。

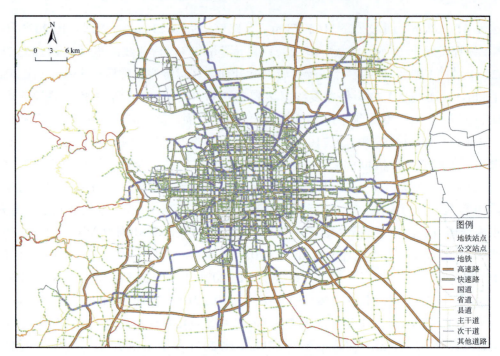

图 7-1　2020 年北京市六环附近区域交通设施概况

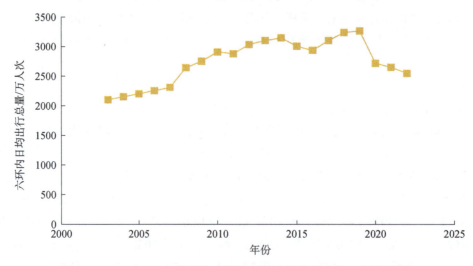

图 7-2　2003～2022 年北京市六环内日均出行总量变化（市域尺度）

　　2003 年以来，北京市六环内日均出行总量总体上呈缓慢上升趋势，但近五年来，受京津冀协同发展、北京市非首都功能疏解、人口总量调控等影响，北京市历年六环内日均出行总量在 2019 年达到峰值 3264 万人次后呈缓慢下降趋势。

　　2003 年以来，北京市人均日出行次数一直在 2.5 次左右波动，在 2019 年达到峰值 2.61 次，2020 年受新冠疫情影响，人均日出行次数急剧下降至 2.17 次，在此后呈缓慢下降趋势（图 7-3）。

　　从北京市 2003～2022 年的居民出行方式结构变化情况（图 7-4）看，地铁比例呈缓慢上升趋势，于 2016 年达到峰值 27%，之后缓慢下降至 2022 年的 20.79%。公交车比例呈缓

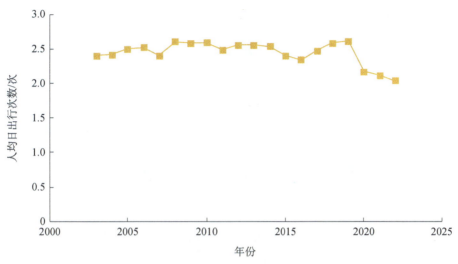

图 7-3　2003～2022 年北京市人均日出行次数变化（市域尺度）

慢上升趋势，于 2009 年达到峰值 28.9%，之后缓慢下降至 2022 年的 14.93%。小汽车比例呈先下降后上升的趋势，于 2022 年达到 35%。出租车比例呈缓慢上升趋势，于 2006 年达到峰值 8.1%，之后缓慢下降至 2022 年的 2.96%。自行车比例于 2004 年达到峰值 39.87%，之后缓慢下降至 2019 年的 17.34%，自 2020 年开始缓慢回升，于 2022 年达到 25.33%。从北京市 2003 年、2012 年、2022 年的居民出行方式构成看（图 7-5），小汽车仍为居民出行的首选，公共交通方式由以公交车为主逐渐转变为以地铁为主。北京市 2022 年机动车保有量为 712.8 万辆，私人出行方式呈增长态势。中心城区通勤出行占比 61.5%，较 2021 年增长超过 10%，且通勤出行比例呈增加趋势。

根据 2019 年 11 月各日北京市手机信令数据记录的出行分布状况，当前北京市出行分布的向心性较强，以城区内部的短途出行、郊区-城区之间的长途出行和郊区内部的短途出行为主导，最为突出的出行模式为由大型居住区到邻近就业地的通勤导向出行，如回龙

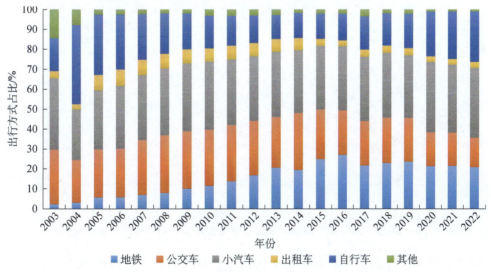

图 7-4　2003～2022 年北京市居民出行方式结构变化（市域尺度）

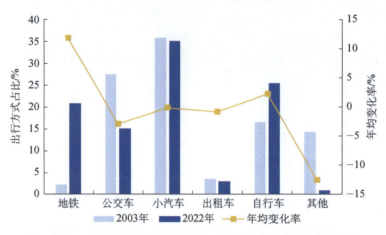

图 7-5　2003 年和 2022 年北京市居民出行方式构成（市域尺度）

观居住区—西二旗计算机产业园区、大兴新城—中关村科技园区丰台园等，其交通分布量最高可达 10 万人次/日以上。此外，处于城区或郊区核心地带的出行热点地区普遍压力较大，出行量空间密度最高达 6 万人次/（d·km²）以上。

7.3　交通出行总量预测

根据博雅智城·CitySPS 平台预测结果，2025～2035 年，北京市交通出行总量呈现总体平稳、缓步下降趋势，至 2035 年，北京市日均交通出行总量为 3699.97 万人次，相较现状而言，下降约 1000 万人次（图 7-6）。其中，城六区交通出行总量呈现缓慢下降趋势，郊区交通出行总量呈现缓慢上升趋势，反映出中心城区功能疏解、空间结构优化使得城区出行热度缓解，郊区出行热度提升，城郊交通出行结构区域均衡。

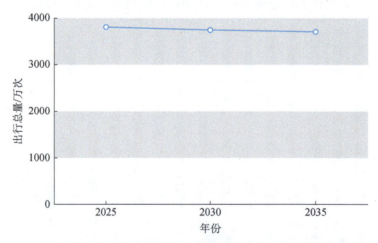

图 7-6　2025～2035 年北京市居民出行总量预测值变化趋势图（市域尺度）

如图 7-7 所示，至 2035 年，北京市居民出行量分布与城市总体规划"一主一副一核，两轴多点一区"的空间结构规划高度一致，具体如下：

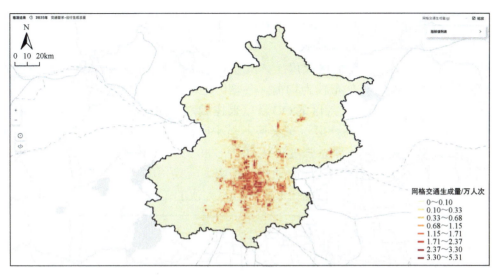

图 7-7　2035 年北京市居民出行量分布预测图（网格尺度）

第一，北京市民出行量分布仍呈现较强的向心性特征。北京市出行量较高的街道（乡、镇）总体集中分布于以首都功能核心区为中心、以约 30km 为半径的近圆形区域内，范围覆盖城六区大部与近郊区和城六区的邻接区域，其中的出行热点地区又集中于长安街及其东西延长线、中轴线及其南北延长线上，东西向延展距离大于南北向，呈现以市中心为基点，依托城市主要轴线蔓延的态势，形成东西宽、南北窄的椭圆形高热度地带。

第二，以就业和商服功能为主导的空间单元出行量最为突出。出行量高于 20000 人次的空间单元全部具有突出的就业和商服功能，如西城区金融街街道、朝阳区呼家楼街道、朝阳区建外街道、海淀区海淀街道、东城区建国门街道分别是各区的就业中心和商业中心，此外，在城市同圈层出行密度较为突出的上地街道、来广营街道、酒仙桥街道、花乡地区、苹果园街道等也具有较强的就业功能。

第三，郊区组团的出行量趋于均衡。一批郊区新市镇在分区规划的引导下加强建设，各郊区除城市建设区外不断涌现出行量较高的新热点，如通州区潞城镇、宋庄镇、台湖镇依托城市副中心，建设开展城市更新并探索特色发展路径，形成了较为均衡的热度分布，又如怀柔区杨宋镇、北房镇依托怀柔影视基地和怀柔科学城建设更新镇区风貌和产业形态，增加镇区的就业和旅游吸引力，打破了以怀柔区为单中心的出行热度空间格局。郊区出行量空间特征的演变体现各郊区新城在优化空间格局、促进均衡发展方面的尝试，有助于促进核心区非首都功能疏解，缓解单中心空间结构带来的诸多弊端。

7.4　交通出行分布预测

交通出行分布是指在一定时间和空间范围内，居民出行 OD 在空间上的分布情况。这种分布情况受到多种因素的影响，包括城市规划、交通基础设施建设、经济发展水平、人口密度、交通政策等。了解交通出行分布有助于城市规划者和交通管理部门优化交通资源配置，提高交通系统的效率和安全性。

从图 7-8 可以看出，在市辖区尺度上，北京市居民出行 OD 空间分布具有较强的向心性。城六区内部的 OD 空间分布较为均衡，各辖区之间的 OD 规模平均，联系方向多样，联系强度在 20 万～60 万人次。郊区的 OD 量以来往城六区的向心出行为主，且在数量上符合距离衰减原则。近郊区（通州区、顺义区、昌平区、大兴区等）来往邻近城区的 OD 量较大，出行目的以通勤为主，联系强度可达 50 万～80 万人次，构成全市 OD 网络中的主体部分，形成昌平—海淀、昌平—朝阳、通州—朝阳、大兴—丰台等重要通勤廊道。远郊区与城区的 OD 量相对较小，联系强度在 1 万～10 万人次的范围内。

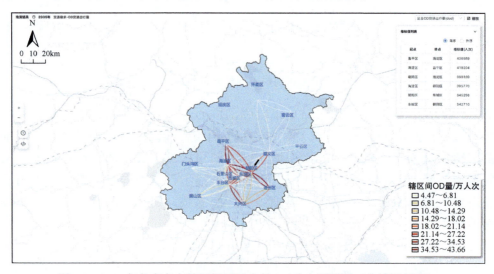

图 7-8　2035 年北京市市辖区间居民出行 OD 分布预测图（市辖区尺度）

如表 7-1 所示，在市辖区尺度上，相较于 2020 年，2035 年北京市增长幅度最大的居民出行 OD 主要分布于通州、大兴、房山、丰台等近郊区之间，增幅在 3000～9000 人次，体现了郊区出行联系区域多样、单中心出行格局逐渐削弱的特征。衰减幅度最大的是城区内部的 OD 出行，降幅在 30000～70000 人次，响应了针对北京市中心城区的旧城更新、非首都功能疏解等政策。总体而言，城区 OD 的降幅大于郊区 OD 的增幅，表明北京市中心城区的交通出行压力将有所缓解，下一阶段应重视郊区的交通基础设施供给和郊区间互联互通的便利性。

表 7-1　北京市 2035 年与 2020 年市辖区间居民出行 OD 对比（市辖区尺度）

起点	终点	2035 年与 2020 年 OD 量差值/人次
通州区	大兴区	9114
房山区	大兴区	3777
房山区	丰台区	2813
平谷区	顺义区	2810
通州区	顺义区	2640
海淀区	昌平区	−34345

续表

起点	终点	2035年与2020年OD量差值/人次
海淀区	丰台区	-40015
东城区	朝阳区	-44011
海淀区	西城区	-51909
海淀区	朝阳区	-70687

　　如图7-9所示在街道（地区、乡、镇）尺度上，全市交通出行OD继续表现为较强的向心性特征，同时体现出圈层结构的分异。距市中心10km半径范围内的中心城区部分OD期望线分布较为均衡，各空间单元之间具有均等的吸引力和多样的通勤方向，联系强度在0.5万~1万人次，不存在极端大规模的OD期望线，仅可识别出东西长安街、西四南北大街、东四南北大街、西大望路、中关村大街等通勤廊道，反映中心城区的职住布局和服务布局趋于均衡。距市中心10~30km半径的近郊地区OD期望线分布较为集中，以重点功能区为核心呈现局部大规模OD网络，如北部边缘区围绕沙河、回龙观、天通苑、北七家等大型居住区和上地、西北旺、来广营、望京等就业热点地区的大规模通勤网络。西南部边缘地区围绕卢沟桥街道、长阳、良乡、西红门等大型居住区和新村地区（丰台总部基地）就业热点地区形成的辐射状OD网络，东南部边缘区围绕北京经济技术开发区及周边居住地形成的大兴荣华街道—通州马驹桥镇—通州台湖镇通勤三角，上述重点通勤方向的联系强度均可达到2万~8万人次的较高水平，体现边缘地区居住区人口密度较高、配套设施不足、出行活动的单一的特点。距市中心30km半径范围以外的远郊地带以由郊区腹地来往属地中心的辖区级向心出行为主，来往市区的OD规模随距离衰减，通常为沿高速干线方向定向连接至市区对应交通枢纽，且联系强度处在0.1万~0.5万人次的较低水平。

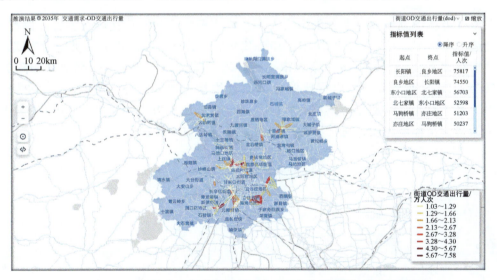

图 7-9　2035年北京市街道间居民出行OD分布预测图（街道尺度）

　　如表7-2所示，相较于2020年，2035年街道（地区、乡、镇）增幅最大的OD主要为市区边缘、近郊与远郊的短途通勤OD，且与中关村科技园区丰台园、北京经济技术开发区、中关村科技园区密云园、长阳航天城电子科技园等产业园区相关，增幅在2000~3000

人次的范围内,说明上述产业园区的吸引力将在未来不断增强,且就业联系方向趋于多样。衰减幅度最大的OD主要为与回龙观、北七家、来广营等城区边缘密集居住区向临近就业地的大规模集中通勤OD,降幅在4000～6000人次的范围内,与上述地区人口疏解、职住布局变化等政策因素相关。

表7-2　北京市2035年与2020年街道(地区、乡、镇)间居民出行OD对比(街道尺度)

起点	终点	2035年与2020年OD量差值/人次
阎村镇	良乡地区	3355
马驹桥镇	台湖镇	2481
十里堡镇	密云镇	2187
马驹桥镇	亦庄地区	2179
长阳镇	良乡地区	2021
卢沟桥街道	新村街道	-4375
北七家镇	东小口地区	-4778
来广营地区	望京街道	-4781
回龙观地区	东小口地区	-4782
西北旺镇	回龙观地区	-6019

7.5　交通出行方式预测

在出行方式识别环节,平台采用广义出行成本模型评估慢行交通(步行、自行车)、私人交通(出租车、私家车、摩托车)和公共交通(公交车、地铁)三类交通方式,并采用绿色出行比例这一核心变量考察城市出行结构及其空间分布的变化趋势。如图7-10所示,2025～2035年全市绿色出行比例总体而言维持在73%～75%水平,与2023年现状(74.7%)基本持平,并随年际推移有轻微下降,未能达到76.5%的"十四五"规划目标,应当从加强公交都市建设、完善慢行交通系统等方面进一步提升。

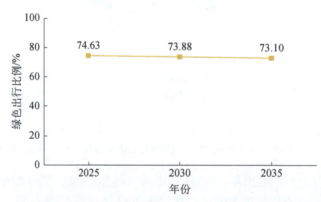

图7-10　2025～2035年北京市居民绿色出行比例预测值变化趋势图(市域尺度)

如图 7-11 和表 7-3 所示，2035 年北京市各市辖区居民绿色出行占比集中于 68%～78% 的水平范围内，在空间上呈现内低外高的格局，且绿色出行比例高于 75% 的市辖区全部为郊区，这与市区私家车保有量较高、慢行交通环境较差、公交路权保障不到位等因素有关。相较于 2020 年，2035 年各市辖区绿色出行比例均有 0.5%～2% 的下降，且城区绿色出行比例降幅普遍高于郊区。值得关注的是，通州区随城市副中心建设将面临交通需求的增长和交通联系方向的多样化，但其绿色出行比例降幅在全市居首，故应特别注意城市副中心等新区发展过程中的公共交通配套建设。

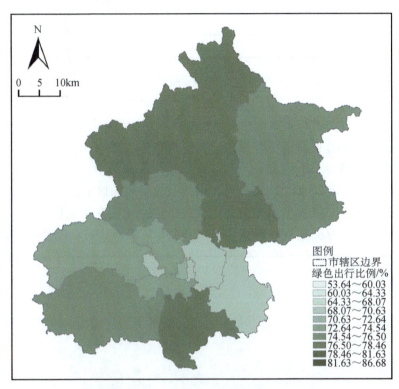

图 7-11　2035 年北京市市辖区居民绿色出行比例空间分布图（市域尺度）

表 7-3　北京市 2035 年与 2020 年各市辖区居民绿色出行比例对比（市域尺度）

市辖区	2020 年绿色出行比例/%	2035 年绿色出行比例/%	差值/个百分点
房山区	76.96	76.32	-0.64
延庆区	79.37	78.45	-0.92
密云区	76.69	75.70	-0.99
怀柔区	78.71	77.70	-1.01
平谷区	77.19	76.06	-1.13
顺义区	77.80	76.59	-1.21
大兴区	78.30	76.88	-1.43
海淀区	74.58	72.98	-1.60
门头沟区	74.87	73.27	-1.60

续表

市辖区	2020年绿色出行比例/%	2035年绿色出行比例/%	差值/个百分点
丰台区	74.92	73.30	-1.62
昌平区	77.17	75.40	-1.77
朝阳区	71.72	69.91	-1.80
西城区	73.98	72.07	-1.91
石景山区	70.95	68.90	-2.05
东城区	71.88	69.81	-2.07
通州区	71.25	69.18	-2.07

　　如图7-12和表7-4所示，在绿色出行比例较高的区域集中于中心城区以及公共交通重要廊道（如长安街、南北中轴线）沿线，零散分布于近郊区轨道交通、快速公共交通发达的片区（如顺义城区、房山区长阳镇）和与中心城区联系程度较低、配套设施较为独立完善、以短途日常出行为主的片区（如平谷城区、延庆城区），此外延庆区、怀柔区、密云区山区乡镇的绿色出行比例也普遍较高，与相关区域第一产业集中、出行需求有限、私家车保有率较低有关。相较于2020年，2035年北京市只有位于房山区的四个街道（地区、乡、镇）绿色出行比例有所提升，其他区域均有不同程度下降，说明在规划情景下，北京市全境特别是市区公共交通、慢行交通发展未能与出行需求变化保持一致，仍存在较大缺口。

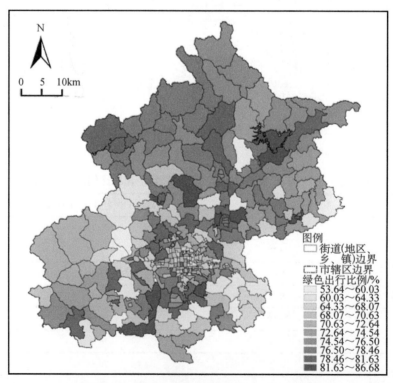

图7-12　2035年北京市街道（地区、乡、镇）
居民绿色出行比例空间分布图（街道尺度）

表 7-4　北京市 2035 年与 2020 年各街道（地区、乡、镇）居民绿色出行比例对比（街道尺度）

街道（地区、乡、镇）	2020年绿色出行比例/%	2035年绿色出行比例/%	差值/个百分点
张坊镇	79.03	80.03	1.00
霞云岭乡	73.23	73.42	0.19
长哨营满族乡	76.05	76.13	0.08
大石窝镇	64.04	64.06	0.02
清水镇	72.38	72.16	−0.22
朝外街道	66.95	64.23	−2.72
海淀街道	63.49	60.71	−2.78
方庄地区	64.14	61.32	−2.82
永定路街道	56.72	53.64	−3.08
蒲洼乡	72.26	68.96	−3.30

7.6　基于深度重力模型的交通需求预测

除机理模型以外，本书还提供基于机器学习的算法模型。针对传统重力模型对区域交通流量的分布过程过度抽象化、模拟精度较低，出行链模型侧重对个人出行行为的表征、缺乏对出行结构的机理解释和预测等问题，本书引入并改良深度重力模型（deep gravity model）用于城市交通需求运行模拟。

深度重力模型（Filippo et al.，2021）是一种专门面向流生成和流模拟问题的神经网络模型。该模型将流量分配视为分类问题，在传统重力模型基于人口、距离两个解释变量对流量进行线性分类的基础上，深度重力模型通过引入更多解释变量，加入隐藏层和非线性因素，形成复杂神经网络结构。模型以 n 组三维向量作为输入层，每组向量分别包括起点 i 的特征向量 x_i、终点 j 的特征向量 x_j 以及 i、j 之间的距离。在前馈神经网络部分，模型包含 15 个隐藏层，其中前 6 层维度为 256，其他为 128，每一个隐藏层之中都将参数矩阵作用于输入变量，同时采用 LeakyReLU 作为激活函数。在输出层，模型将 Softmax 函数作为激活函数作用于前馈神经网络的运算结果，得到以 i 为起点、以 ij 为流向的概率矩阵，可将其代入后续流量分配运算过程。本书基于前置模块数据基础、模拟精度要求等，对模型输入层数据结构进行了完善，形成了涵盖四大类、30 项特征指标的区域特征变量体系，具体如表 7-5 所示。

表 7-5　模型中所选取的区域特征变量体系

区域特征类别	特征指标
人口特征	常住人口总数
	按年龄、性别细分的人口数
	就业岗位数
	职住平衡指数

续表

区域特征类别	特征指标
用地特征	居住功能用地面积
	工业用地面积
	商业服务业设施用地面积
	公共管理与公共服务用地面积
	城市公用设施用地面积
	道路与交通设施用地面积
	绿地广场用地面积
	非建设用地面积
	用地混合度指数
交通便捷度特征	区位可达性
	高速公路长度
	快速路长度
	主干路长度
	次干路长度
	支路长度
	公交站数量
	地铁站数量
产业与设施特征	房地产价格
	餐饮设施兴趣点（POI）数与兴趣面（AOI）面积
	卫生设施 POI 数与 AOI 面积
	教育设施 POI 数与 AOI 面积
	商业设施 POI 数与 AOI 面积
	娱乐设施 POI 数与 AOI 面积
	办公设施 POI 数与 AOI 面积
	服务设施 POI 数与 AOI 面积
	道路交通附属设施 POI 数与 AOI 面积

本书基于改良的深度重力模型预测了 2035 年北京市交通需求状况。如图 7-13 和图 7-14 所示，深度重力模型能够很好地把握北京市交通需求的空间结构及其变化趋势，且相对于原有机理模型，具有能够敏感识别短途出行、有效预测未来出行趋势波动、准确判断城市新建设区域出行增长、出行空间格局较为均衡、有效规避极端值等优势。在出行总量、生成与吸引预测中，改良的深度重力模型预测精度可达约 91%，相较机理模型有约 10% 的提升。而在出行分布预测中，改良的深度重力模型的流量分布重合率（CPC）可达约 86%，其预测精度与机理模型相仿，相比该模型在其他运用场景的预测精度提升可达约 45%。

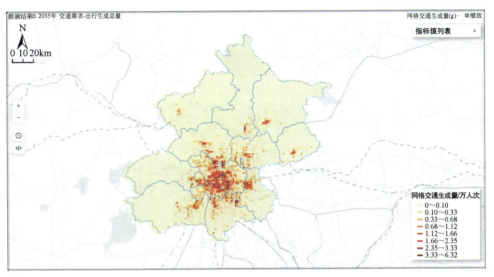

图 7-13　2035 年北京市基于深度重力模型的居民出行量分布预测图（网格尺度）

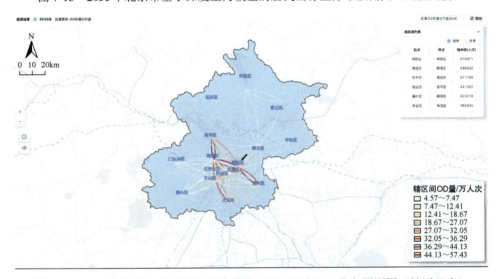

图 7-14　2035 年北京市基于深度重力模型的居民出行 OD 分布预测图（辖区尺度）

参 考 文 献

Filippo S, Gianni B, Massimilano L, et al. 2021. A deep gravity model for mobility flows generation. Nature Communications, 12 (1): 6576.

第 8 章

城市生命体运行模拟预测：

交通流

8.1　交通流模拟技术原理

8.1.1　原理与方法

在交通需求分布模块完成四阶段法模型的交通生成和交通分布之后，本章主要完成四阶段的交通模式划分和交通流分配两个步骤。在交通模式划分过程中，在广义出行成本的基础上，考虑了多种交通出行方式间的换乘行为。在交通流分配过程中，基于离散选择模型或用户平衡法，通过寻找最小阻抗路径进行全有全无分配，在考虑拥堵情形时，用户可选 Greenshields 公式或 BPR 公式（Zhang et al.，2019）进行模型计算。整体而言，本章的计算可以大致分为如下四个步骤：①出行路径选择；②出行模式划分；③交通流量分配；④收敛条件检验。

与传统交通四阶段法的一般、单一出行方式不同，博雅智城·CitySPS 平台交通流模型在进行路径选择时考虑了不同交通方式间的换乘行为。该模型考虑了如下七种交通工具：步行、自行车、摩托车、私家车、出租车、公交车和地铁，以及三种出行模式：①P+R 换乘行为，即停车换乘（park and ride），使用私家车到达交通枢纽，使用公交车和地铁等公共交通工具进行接下来的出行。②考虑出行主体为摩托车，并搭乘除私家车外的交通工具出行。③考虑除私家车和摩托车外的其他交通工具作为出行主体。通过设置不同交通工具间的换乘成本，用户可以控制各类交通工具的换乘规则。该模型的路径被定义为路段（l）与出行方式（k）的组合，其广义出行成本由路段的各类交通方式的时间成本、货币成本和换乘成本组成，路径 m 的总成本 cost_m 可如式（8-1）所示。路径选择基于如下两个原则：①出行成本最小原则，指定 OD 和出行模式后，按照广义出行成本由小到大排序，选择指定数量的出行路径。②引入惩罚因子模拟选路过程中的拥堵成本，使分配后的流量符合路段的实际流量情况。

$$\text{cost}_m = \sum\nolimits_{(l,k) \in m} \text{cost}_{(l,k)} \tag{8-1}$$

在进行出行模式划分时，各路径的成本被统计为各类居民群体采用各种出行方式的成本，然后使用离散选择模型进行类别划分，成本计算与 OD 对（i,j）间的流量有关，首轮迭代直接取均值，其后的迭代使用流量进行加权。

基于离散选择模型计算出的出行方式选择概率，可以核算出群体 a 选择交通方式大类 M 的比例，并据此进行流量分配。用户可以估计不同群体间的差异，自主输入对群体 a 的经验参数 $\gamma_{a,M}$ 参与模型运算。

基于用户平衡法的交通流量分配，通过多轮迭代求解优化问题。首先按照全有全无的原则，对路段初始流量进行分配；在随后的每一次迭代过程中，通过求解成本最小化问题得出路径附加流量的迭代值。对于单一路径，迭代终止条件为当前轮路径流量与上一轮路径流量的差值同上一轮路径流量小于给定阈值 ε。

考虑拥堵情况时，可选 Greenshields 公式或 BPR 公式进行计算，二者均是用于描述交通流量与车辆密度之间关系的经验性公式。Greenshields 公式为速度-密度的线性模型，其公式如式（8-2）所示。式中，$\overline{v_{k,c}}$ 为 c 类型道路对交通方式 k 的最高限速，k 为不包括摩托车的机动车。在 Greenshields 公式中，K_1 为道路实际车辆密度，K_{ol} 为道路完全阻塞时的车辆密度。在式（8-2）中通过同时对 K_1 和 K_{ol} 进行单位调整，将 K_1 转换为实际道路面积占用率，K_{ol} 为完全阻塞时的道路面积占用率。BPR 公式如式（8-3）所示。其中，α_1、β_1 为模型参数，可通过标定获得，在该模型中被设置为根据路段的不同道路类型而拥有不同值，α_1 默认值为 0.15，β_1 默认值为 4。α_1、β_1、C_1 可通过用户外部输入参数，也可通过调整可交互的路网属性模块赋值来实现输入。其包含非线性项，从而更能捕获拥堵时车速下降的非线性趋势，也更加灵活。

$$v_{l,k} = \overline{v_{k,c}}(1 - K_1 / K_{ol}) \tag{8-2}$$

$$v_{l,k} = \frac{v_{\text{free}l,k}}{1 + \alpha_1 (\dfrac{\text{VE}_1}{C_1})^{\beta_1}} \tag{8-3}$$

如果使用用户平衡法进行流量分配，则模型需要进行收敛条件验证，如果收敛的路径数量达到设定的阈值则迭代结束，否则继续进行迭代。

基于上述模型，可以对城市预测年份的交通整体状况进行较为细致的预测，得到诸如通勤时间成本、路段拥堵指数、路段高峰期机动车速度等指标，从而为城市交通规划和管理提供更有针对性的决策支持。

8.1.2　数据处理

由于交通流分配模块涉及的计算指标繁多，对应的输入数据也较为繁杂。本书仅选择典型指标和输入数据，如基础路网、离散选择模型参数、拥堵税征收和居民出行调查数据进行介绍。

大多数地面交通工具的运行依赖道路网络这一空间载体，因此路网数据制备的质量直接影响后续模型的各类计算，也直接影响模拟的准确性、可靠性和实用性。博雅智城·CitySPS 平台中，模型计算考虑路段本身的行政等级和功能等级。其中，公路按行政等级可分为国道、省道、县道、乡道以及专用公路五个等级，按功能等级可分为高速公路、一级公路、二级公路、三级公路、四级公路五个等级。同时，为了在特定灾害场景下进行计算模拟，要考虑路网本身遭遇灾害的可能性；为了在不同尺度下进行交通流模拟，需要对路网进行空间尺度的区分。在实际计算过程中，要对路网进行构图操作，同时考虑地铁网络、公交网络和其他各类网络的空间位置，还要额外添加辅助的节点图层进行多种网络的连接，既要保证空间上基础路网、公交站点和线路、地铁站点和线路的拓扑关系，又要保证在特定场景下计算的可行性和数据修改入库的便捷性。

离散选择模型参数同样是可调整的，如进行路径选择时需要考虑 $\gamma_{a,M}$ 参数，不同群体 a 的不同出行模式 M 的选择情况可能是不同的，用户可以从文献中或已有数据中标定该参数，从而完成对出行概率的计算。

拥堵税是一种基于交通拥堵状况对通行车辆收取费用的税收形式。通常，拥堵税的征收与交通流量和拥堵程度有关，高峰时段或拥堵路段的车辆可能面临更高的费用。通过此种方式可以缓解交通拥堵，促进城市的可持续发展。本系统用户可以直接指定哪些街道要采取征收拥堵税的措施，从而识别这些街道采取的需求管理措施对交通流分配产生的影响。

居民出行调查数据在交通模式划分、交通路径选择、出行时段预测等多个计算过程均有使用，一般的出行调查数据通常需要包括不同人群的出行目的、出行方式、出行距离、出行频率、出行时间、出行时长等多个维度的数据。在本系统中，对人群进行分年龄、分性别、是否拥有机动车的划分，其他额外的信息主要有 OD 对应的街道信息、出行方式和是否拥有机动车，上述信息主要用于分析 OD 的空间分布，以及进行分人群类别的模型建模计算，用户可以选择现有的交通调查数据或手机信令数据进行该数据的制备与调用。

此外，日出行峰期情况、模型最大迭代次数、拥堵惩罚因子、各类交通工具的小汽车当量、公共出行货币成本等也都是 CitySPS 城市系统模型交通模块的重要参数，这里不再一一介绍。总而言之，通过以上数据准备工作，确保了交通流分配模拟所需的数据质量和一致性，从而确保算法的模拟结果具有较高的可信度。

8.2　案例城市的交通流与拥堵状况

近年来，北京市交通拥堵状况呈现出明显的阶段性特征，存在剧烈波动和平稳过渡两类时期。如图 8-1 和图 8-2 所示，就整体拥堵水平而言，2006～2011 年，北京市中心城区高峰时段平均道路交通指数波动下降，从 7.5 波动至 4.8；而在 2011～2020 年保持平稳，中心城区高峰期平均道路交通指数大致稳定在 5～6 的水平；2021 年以来，中心城区高峰期平均道路交通指数先下降后上升，2023 年达到 5.6，预计到 2024 年底控制在 6.0 左右。从拥堵持续时间来看，2006～2009 年，北京市中度（含）以上拥堵持续时间波动下降，从 255min 波动至 90min，在 2009～2014 年保持较低水平的平稳波动。但在 2014～2015 年，北京市拥堵时长经历了急剧上升，从 65min 上升至 180min，并在 2015～2021 年一直保持较高水平的平稳波动，2021～2022 年有所回落。在拥堵重点路段方面，根据《北京市交通发展年度报告》，早高峰环路南向北方向及联络线进城方向、晚高峰环路北向南方向及联络线出城方向拥堵最为严重，这也与北京环形放射状的路网骨架直接相关。

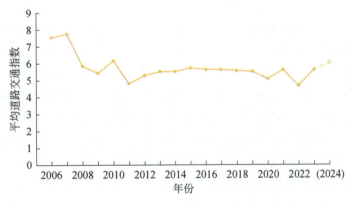

图 8-1　2006～2024 年北京市中心城区高峰时段平均道路交通指数

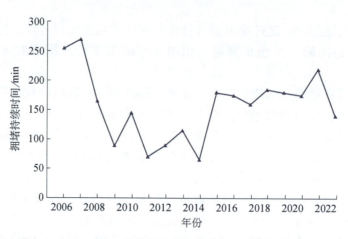

图 8-2　2006～2022年北京市中度（含）以上拥堵持续时间

近年来，北京市交通拥堵程度有所降低，随之表现出来的是交通污染主要排放物呈减少趋势。2006～2022年，二氧化氮、可吸入颗粒物、PM$_{2.5}$（自2012年起统计）均呈现出减少趋势，其中可吸入颗粒物浓度下降最为显著，从161μg/m^{3}波动下降到54μg/m^3，体现了北京市交通疏解与污染管控的卓越成效。PM$_{2.5}$浓度自2012年开始统计后，在十余年间迅速下降至30μg/m^3。二氧化氮浓度下降最为缓慢，从66μg/m^{3}波动下降至23μg/m^3（图8-3）。

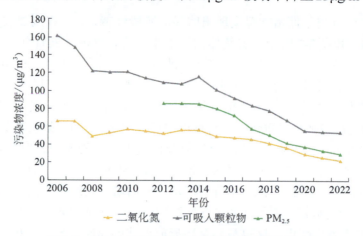

图 8-3　2006～2022年北京市交通污染排放物浓度

具体来看2022年交通流状况，当年全部日期中心城区高峰时段平均道路交通指数为4.65，处于"轻度拥堵"级别，比2021年同期的5.58降低16.67%。其中，早、晚高峰时段道路交通指数分别为4.54、4.77，比2021年同期分别下降15.14%、17.76%，交通拥堵状况有所改善。分环线看，二环、二环至三环、三环至四环、四环至五环和五环外的道路交通指数均有所下降，且三环内各区域的道路交通指数降幅均超过18%。

考虑到2020年前后交通流状况基本保持稳定，本节的计算以2020年作为基准年，以北京市路网数据、居民出行调查数据、手机信令数据作为基础数据，以5年作为预测时间粒度，在交通需求模块输出的基础上分别对2025年、2030年和2035年三个年份的交通流进行模拟。本节直接计算的指标的尺度为路段级，经过空间聚合计算得到相应的街道级和区级指标，不仅分时段、交通方式进行了如交通流量、拥堵速度等指标的计算，还分人群进行了如出行成本、通勤时间等指标的计算。

8.3　通勤时间成本预测

8.3.1　整体出行时间成本

区域内居民出行的时间成本是出行方式与路径选择的重要考量，较大的时间成本意味着交通系统运行效率较低，观察该指标可明确需要重点改善交通系统的区域。该指标由居民出行的总时间成本（包括等待时间、通行时间与换乘时间）按出行量加权平均得到，单位为 h。

图 8-4 分别是 2025 年和 2035 年北京市街道级的出行时间成本的空间分布图。就二者的数值分布来看，2025 年的出行时间成本平均值为 0.773h，标准差为 0.456，偏度为 2.489，数据分布呈现右偏。而在 2035 年，该指标的平均值为 0.696h，标准差为 0.426，偏度为 2.722，可见在预设的推演模式下，大多数街道的居民出行时间成本持续保持了较低的水平，整体平均出行时间成本和各街道之间的出行时间成本差异有所降低，城市交通效率得到了轻微的提升。

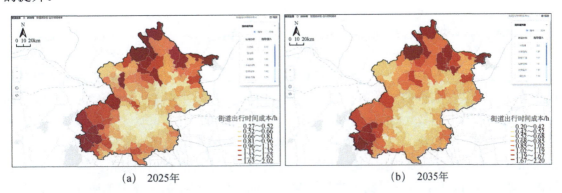

|(a)　2025年|(b)　2035年|

图 8-4　2025 年和 2035 年北京市出行时间成本预测结果（街道尺度）

8.3.2　各区出行时间成本对比分析

从区级尺度来看，2025 年昌平区、延庆区出行时间成本最高，为 0.9h，房山区、密云区次之，为 0.72h，东城区、西城区平均出行时间成本最低，分别为 0.48h、0.46h。与街道尺度结果基本一致，各区出行时间成本分布呈现出中心高、外围低的特征。2035 年，延庆区出行时间成本最高，为 0.68h，密云区、房山区次之，分别为 0.64h 和 0.61h。西城区、石景山区出行时间成本最低，分别为 0.4h 和 0.41h。

特别的是平谷区作为远郊区，其出行时间成本始终保持较低水平，2025 年为 0.54h，2035 年为 0.46h。推测原因，可能是由于平谷区与市区耦合的建设较少，相应的通勤联系也较弱，往返中心区的长距离跨区通勤较少，因此平均出行时间成本较低。

分析各区 2025～2035 年出行时间成本变化发现（图 8-5），所有区出行时间成本均下降，其中昌平区变化最显著，减少了 0.36h，延庆区、大兴区分别减少 0.23h 和 0.2h。总体而言，除平谷区外，外部区出行时间成本迅速改善，中心区出行时间成本平稳回落，市域交通拥堵成本总体水平降低。

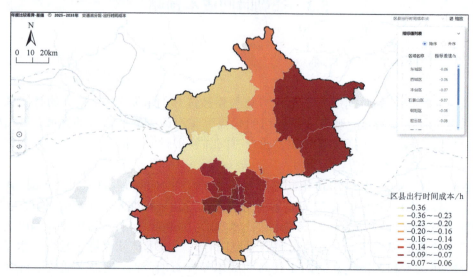

图 8-5　2025～2035 年北京市出行时间成本预测结果变化（区级尺度）

8.3.3　中心城区、近郊区、远郊区对比分析

就中心外围分布来看，除平谷区外，2025 年和 2035 年出行时间成本的空间分布都呈现出了从中心城区到近郊区、再到远郊区出行时间成本逐渐升高的空间格局。2025 年和 2035 年的全局莫兰指数（Moran's index）分别为 0.671 和 0.723，可见二者都存在着显著的空间自相关。进一步看，与 2025 年相比，2035 年的高值在城市边缘区域更加聚集，而低值则在城市中心区域更加聚集，这暗示着北京市城市扩张可能会加剧城市外围区域和中心城区交通设施的异化，导致"高—高"聚集和"低—低"聚集的现象更加明显，因而在进行城市建设时需要兼顾区域均衡发展和交通公平。

8.3.4　重要居住中心深入分析

近郊新城内外来人口较多，是职住流动的重点出发地。聚焦近郊新城分析可以发现，2025～2035 年近郊新城出行时间成本有所降低，出行幸福感提升。2025 年房山新城的良乡地区出行时间成本为 0.7h，2035 年降低至 0.58h。昌平新城的南邵地区出行时间成本由 2025 年的 0.72h 降低至 0.48h。而大兴新城的天宫院地区出行时间成本由 2025 年的 0.63h 降低至 0.42h。

相比之下，居住人口集中的城市南部中心，如丰台区的马连道、马家堡、成寿寺地区，以及朝阳区的潘家园地区，由于距离城市就业中心较近，出行时间成本较低。2025～2035

年，上述地区出行时间成本均稳定在 0.5h 左右。然而，北部昌平区的天通苑地区出行时间成本较高，2025 年平均需要 1.1h，直到 2035 年才降低至 0.55h。

8.4　交通拥堵预测

在整体拥堵预测方面，按照特定时段的平均流量情况，将各路段自由时速除以依据交通流分配计算得到的机动车实际行驶速度，得到各路段的拥堵指数，拥堵指数越大，路段越拥堵，当路段拥堵指数为 2 左右时，拥堵已经非常明显，当达到 4 时，则处于严重拥堵状态。博雅智城·CitySPS 平台分别对早高峰和晚高峰时期的路段拥堵指数进行计算，并聚合到街道尺度和区级尺度上，这里以街道级早高峰为例进行结果分析。

图 8-6 分别是 2025 年和 2035 年北京市街道级的早高峰拥堵指数的空间分布图。就二者的数值分布来看，2025 年的早高峰拥堵指数平均值为 2.877，标准差为 11.943，偏度为

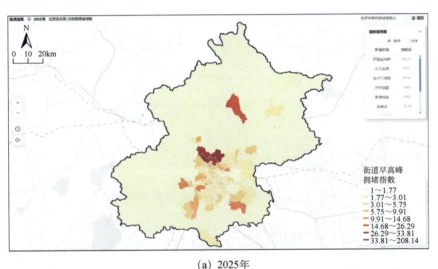

(a) 2025 年

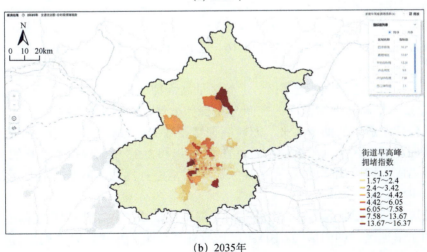

(b) 2035 年

图 8-6　2025 年和 2035 年北京市街道尺度早高峰拥堵指数预测

16.233，数据分布呈现明显的右偏现象，最大值位于回龙观地区，其拥堵指数远高于其他地区。而在2035年，该指标的平均值为1.204，标准差为0.473，偏度为6.316，相较于2025年而言明显更低，拥有最大值的是西三旗街道，其拥堵指数为6.145，而回龙观地区的拥堵指数则降低至4.76，可见2035年的北京市交通拥堵状况与2025年相比明显更好，这可能是路网状况的改善带来的改变。值得注意的是，地处怀柔科学城核心位置的雁栖地区拥堵指数较高，且2035年拥堵情况相比2025年并未明显改善。可见短期内北京市部分高密度卫星城仍将面临交通拥堵与交通供需错配问题，需因地制宜采取规划管控手段加以调控。如图8-7所示，早高峰道路流量较大区域主要分布在中心城区以及外围区次级中心附近，与拥堵指数分布情况较为吻合。

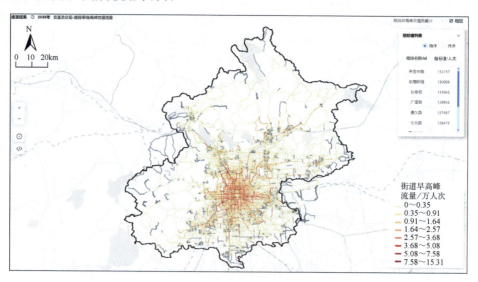

图 8-7　2035年北京市道路早高峰流量预测结果（路段尺度）

从各区之间对比来看，2025年，各区早高峰拥堵程度有较大差异。昌平区、海淀区等地存在异常拥堵状况。2035年，拥堵状况得到明显改善，市域早高峰平均拥堵指数为2.424。早高峰拥堵指数海淀区最大，为5.14，怀柔区次之，为4.79。丰台区、西城区、东城区早高峰拥堵指数同样在3以上（分别为3.54、3.51和3.20）。平谷区、密云区、昌平区早高峰拥堵程度最低，分别为1.07、1.08和1.16。总体而言，拥堵地区集中分布在中心城区、昌平区、怀柔区等地。

通过对北京市中心城区、近郊区、远郊区早高峰拥堵指数的对比，可以看出，2025年和2035年北京市早高峰拥堵情况的空间分布整体上保持了一致的格局，即北京市远郊区和中心城区保持了适中的拥堵水平，而较高拥堵指数的区域分布在二者之间的过渡区域。尤其是昌平回龙观地区及其附近的街道，在2025年和2035年均保持了较高的拥堵指数，这些区域应当成为拥堵疏解重点关注的区域，可着重进行周边路网及其他交通基础设施的改善及人口引导。

对重要居住区、就业区的深入分析得出，海淀区的中关村、西城区的金融街、东城区的王府井和东单地区、朝阳区的CBD等区域就业岗位最为集中，是通勤出行的主要目的地。作为传统的就业聚集地，该类重点区域交通流量较大，拥堵程度较高。以2035年为例，中关村街道早高峰拥堵指数为 2.79，金融街街道为 5.33，东单地区（东华门街道）为 4.42，而朝阳 CBD（建外街道）则达到 6.33。另外，北京城市副中心的北京行政办公区、房山区的大学城则是近年来首都功能疏解的主要承接地。2035 年，良乡地区拥堵指数为 1.72，通州副中心（新华街道）拥堵指数达到 3.2。未来在进行功能迁移时也要注意及时跟进配套设施。

8.5　交通流模块的智能预警

交通流模块涉及的预警指标涵盖了交通设施承载力中的多个指标，本节对北京市 2025 年和 2035 年的长时间通勤预警（按时间测算）和拥堵指数预警情况进行介绍，分别对应城市平均通勤时间和高峰期拥堵指数两个指标。

平均通勤时间是衡量城市居民工作日内通勤所需时间的关键指标，这一指标直接关系到居民的生活质量和城市交通效率，在城市级、区级和街道级均有预警。当平均通勤时间较长时，可能导致居民生活负担加重、交通拥堵、能源消耗增加等问题。根据自然资源部城市体检和相关研究，当平均通勤时间超过 60min 时视作红色风险状态，当在 45～60min 时视作黄色警告状态，45min 以内的平均通勤时间视作绿色合理状态。图 8-8 为 2025 年和 2035 年北京市街道级的长时间通勤预警情况。从空间分布上看，2025 年的长时间通勤预警格局与 2035 年的格局差异明显：2025 年中心城区及东部地区平均通勤时间处于合理状态，而城市郊区的大多数街道平均通勤时间处于风险范围内；2035 年西部、南部郊区的平均通勤时间压力明显减轻，全市平均通勤时间压力改善明显。从数值分布上看，北京市 2025 年的工作日平均通勤时间压力预警风险街道总数为 48 个，占北京街道总数的 15.2%，49 个街道处于警告范围，占北京街道总数的 15.5%，219 个街道处于合理范围，占总数的 69.3%；而北京市 2035 年的工作日平均通勤时间压力为合理、警告和风险状态的街道数量占比分别为 81%、11% 和 8%，这表明交通基础设施的完善和职住平衡的引导等措施对于减少居民通勤时间具有显著效果。

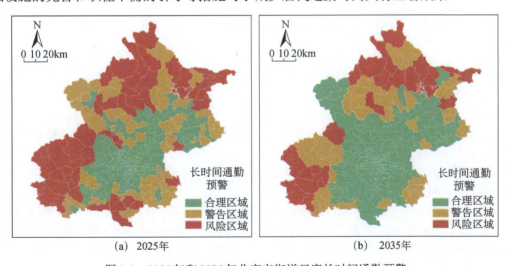

(a)　2025 年　　　　　　　　　(b)　2035 年

图 8-8　2025 年和 2035 年北京市街道尺度长时间通勤预警

　　高峰期拥堵指数是衡量城市交通拥堵情况的关键指标之一，直接反映了高峰期道路交通的压力和通行效率，在城市级、区级和街道级均有预警。当高峰期拥堵指数较高时，可能导致通勤时间延长、交通事故发生概率增加。参考北京市地方标准《城市道路交通运行评价指标体系》（DB11/T 785—2011），当高峰期拥堵指数超过2.5时视作红色风险状态，当在2.0～2.5时视作黄色警告状态，2.0以内的拥堵指数视作合理状态。图8-9是2025年和2035年北京市街道级的早高峰拥堵指数预警情况。从空间分布上看，2025年北京市拥堵呈现中心城区及北京市东南部区域拥堵严重、郊区拥堵情况较为良好的格局，而在2035年，北京市除中心城区的部分街道及雁栖地区严重拥堵外，中心城区整体拥堵情况已有所改善，几乎所有的郊区街道拥堵状况已处于合理状态。这表明，2035年北京市中心城区的交通压力得到大幅缓解，郊区交通拥堵情况则得到进一步改善，但中心城区的拥堵情况仍有进一步改善的空间。从数值分布上看，2025年处于合理、警告和风险的街道比例分别为61%、5%和34%，2035年则分别为25%、7%和68%，高峰期拥堵指数预警风险街道数量大幅减少，但怀柔区渤海镇和昌平区南口地区的交通拥堵情况恶化，可以具体关注这些局部区域的交通设施情况，针对性地采取疏解交通拥堵的相关措施。

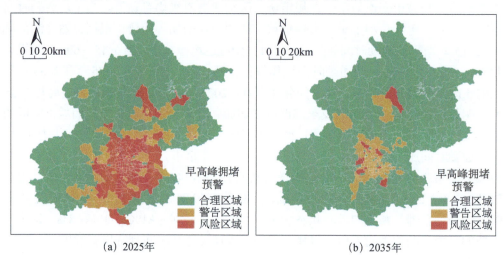

　　　　　　（a）2025年　　　　　　　　　　　　　（b）2035年

图8-9　2025年和2035年北京市早高峰拥堵指数预警情况（街道尺度）

参 考 文 献

何丹，金凤君，周璟. 2011. 基于Logistic-CA-Markov的土地利用景观格局变化——以京津冀都市圈为例. 地理科学，31（8）：903-910.

李启源，王海军，曾浩然等. 2024. 耦合多期扩展规律和空间异质性的城市扩展元胞自动机模拟. 地理与地理信息科学，40（1）：26-36.

杨青生，黎夏. 2007. 多智能体与元胞自动机结合及城市用地扩张模拟. 地理科学，（4）：542-548.

Sang L, Zhang C, Yang J, et al. 2010. Simulation of land use spatial pattern of towns and villages based on CA-Markov model. Mathematical and Computer Modelling, 54 (3): 938-943.

Zhang J, Liu M, Zhou B. 2019. Analytical model for travel time-based BPR function with demand fluctuation and capacity degradation. Mathematical Problems in Engineering, (5): 1-13.

第 9 章

城市生命体运行预测与智慧预警应用场景：低碳场景

9.1　低碳场景构建

城市土地利用碳排放、城市交通碳排放和城市建筑碳排放是城市碳排放的主要方面，其中城市扩张会导致自然生态系统破坏和土壤碳释放增加，交通工具造成的化石燃料燃烧和交通拥堵现象会带来二氧化碳的大量排放，同时建筑密集和城市热岛效应也会导致碳排放增加。针对以上三个方面，博雅智城·CitySPS平台模拟和预测城市碳排放量，并分土地、建筑和交通三个模块提供了七项政策调控变量（表9-1），能够支持用户通过调整这些政策变量数值，模拟实施低碳政策后的城市碳排放情况，为建设低碳城市提供实质性的解决思路。

表 9-1　低碳场景核心调控指标

低碳政策调控模块	具体变量解释
土地调控模块	增加/减少城市中各类建设用地的面积
建筑调控模块	调控商业服务设施用地、居住功能用地、公共管理与公共服务用地中绿色建筑的覆盖率
交通调控模块	调节私家车与摩托车保有量
	设置交通拥堵税费
	调节新能源车比例
	新增设地铁线路
	调节公交车与地铁票价

9.1.1　土地利用调控

土地利用的变化对陆地生态系统碳循环具有显著的影响，由非建设用地转换为建设用地会带来碳排放的增加（曲福田等，2011），并且不同类型的建设用地所产生的碳排放量也不相同，合理的城市用地结构配置能够减少碳排放的增加（杜官印，2010）。为模拟土地利用变化对城市碳排放的影响，在低碳场景应用中，平台从"土地供给总量与结构调整"与"产业升级促进用地布局优化"两个视角出发，对城市中公共管理与公共服务用地、城市公用设施用地、商业服务设施用地、居住功能用地、绿地广场用地、工业用地和道路与交通设施用地七类用地的面积进行调整（图9-1）。其中，"土地供给总量与结构调整"强调城市政府根据自身的建设用地供应计划进行各类用地面积的调整，而"产业升级促进用地布局优化"则强调土地利用结构与城市经济发展的协调，以产业升级为出发点引导用地布局的优化。在这一界面中，用户可以通过拖动滑动条或者直接输入数值的方式来控制各类别用地面积。滑动条与数据框之间实现了换算联动，能够在调控前后总用地面积不变的限制下，实现所有调控操作同比例换算。此外，用户可以锁定某一类或多类用地的面积，使其不参与其他类型用地的增量或减量分配，从而实现对各类用地面积的灵活调整。

图 9-1　各类用地面积调控界面

9.1.2　建筑设计调控

《2022 中国建筑能耗与碳排放研究报告》指出，截至 2020 年，我国建筑业全生命周期的碳排放占据全国碳排放总量的 50.9%，成为碳排放最多的领域。推广绿色建筑，能够在建筑全生命周期内实现节能、减排，达到减少 50% 能源消耗与 45% 二氧化碳排放量的效果。因此，推广绿色建筑是实现城市碳中和路径的重要举措（仇保兴，2021）。我国于 2006 年首次实施《绿色建筑评价标准》，经过十余年实施已取得了巨大成就，截至 2015 年，北京市城镇民用建筑中绿色建筑占比已达到 11%。根据《北京市"十四五"时期能源发展规划》要求，到 2025 年新建居住建筑需要全面执行绿色建筑二星级标准，绿色建筑将成为未来城市建设的主要建筑。基于这一需求，在博雅智城•CitySPS 平台中，用户可以通过调控公共管理与公共服务用地、商业服务设施用地和居住功能用地三类用地中绿色建筑的覆盖率，模拟低碳建筑推广政策的实施，用户可以通过在数值栏中输入目标数值进行调控，并与默认数值进行对比（图 9-2）。

图 9-2　绿色建筑覆盖率调控界面

9.1.3　绿色交通调控

交通碳排放也是人类产生温室气体的重要来源之一，在全球范围内，由交通产生的碳排放量占据总碳排放量的 21%，并且这一比例在持续上涨。其中，与城市有关的道路交通占据交通碳排放量的 75%（陈良侃等，2022）。与交通有关的政策可以从需求与供给两个角度考虑，从需求角度可以通过限购、限行、限号、增设交通税收等方式，减少机动车的出行频率或减缓机动车保有量的增长速率。从供给角度可以通过改善城市交通基础设施、降低公共交通费用等方式进行，通过改善公共交通出行条件来提升公共交通出行率，从而减少交通产生的碳排放。在低碳场景的交通调控模块中，用户可以通过调整机动车保有量、交通拥堵税的方式对交通需求进行控制，通过提升新能源汽车使用比例、增修地铁线路、降低公交地铁票价等方式改善交通供给。

机动车保有量：机动车保有量会对城市交通、土地、能源等各方面带来负担，应合理控制其增长。在平台中，通过控制私家车交通流上限以及摩托车交通流上限来模拟政策对机动车保有量的控制，用户通过输入交通流上限值对机动车保有量进行调控，并能够与基准场景的默认数值进行对比。

交通拥堵税：交通拥堵税是通过经济学中的价格原理对需求进行限制的一种方式，本质是将外部成本内部化，即添加交通拥堵所引发的社会成本至居民的出行成本中。目前，类似的政策已在英国、日本等国家得到了推广与应用，收取交通拥堵税能够控制车辆在高峰期的出行次数，从而减少交通出行碳排放。

提升新能源汽车使用比例：新能源汽车的使用对降低城市碳排放具有重要意义，相较于燃油汽车，新能源汽车能通过影响替代效应、能源消耗效应和基数效应的方式降低碳排放（赵小磊等，2024），并得到了政府的大力支持。以北京市为例，北京市"十四五"规划提出，到2025年，北京市新能源汽车的累计保有量争取达到200万辆。在博雅智城·CitySPS平台中，用户可以通过拖动滑动条对新能源小汽车占比进行调控，并根据调控结果，自动计算汽油小汽车、柴油小汽车和天然气小汽车的比例。

增修地铁线路：一方面，地铁是一种大容量、高效率的公共出行模式，能够促使城市居民从低效、高碳排放的私家车出行模式转变为更加高效的公共交通模式，交通模式的切换可降低城市整体交通系统的碳排放。另一方面，地铁的建设和运营也会带来土地利用的转变，促进土地混合使用，从而减少居民的通勤距离。在博雅智城·CitySPS平台中，用户可以通过在线编辑或本地导入的方式对地铁线路进行修改，增设地铁线路或站点，模拟公共交通设施变化对居民出行碳排放的影响。

降低公交地铁票价：将公共出行方式的价格调低可能会吸引更多居民选择公交车和地铁这类公共交通方式出行，从而减少城市中私家车的使用，这对城市交通碳排放降低产生积极影响。在博雅智城·CitySPS平台中，用户可以调节公交车每次出行的票价和地铁每公里出行的票价，模拟政策对公共交通出行的激励政策。

9.2　城市低碳运行模拟

9.2.1　城市整体碳排放情况

根据图9-3所示的模型计算结果，2020年北京市碳排放量约为8602万t，其中用地碳排放2004万t，建筑碳排放4979万t，交通碳排放1619万t。2020～2035年，北京市碳排放量将呈现先增后减的趋势，预计在 2025 年左右达峰。分类别来看，用地碳排放和建筑碳排放呈现稳定增加的趋势，交通碳排放呈现先增加后减小的趋势，如果能够实现北京市总体规划的交通建设，预计至 2035 年，交通碳排放会大幅降低。由此可见，未来北京市减碳的最主要贡献部门为交通运输部门。

图 9-3　2020～2035 年北京市碳排放量整体情况

9.2.2　碳排放空间分布情况

在区级尺度，2020 年，高碳排放区域主要集中在首都核心功能区，朝阳区和海淀区的碳排放量最高，而北部延庆区、怀柔区、密云区、平谷区和西部门头沟区、房山区由于属于生态涵养区，城市活动较少，因此碳排放较低。2020～2035 年，城六区碳排放多处于持平或减少的趋势，东城区、西城区、朝阳区的碳排放量降低，同时北部和西部地区的碳排放占比进一步上升，主要是由于北京进一步加深的郊区化趋势使城市活动的空间进一步向外扩张（图 9-4）。

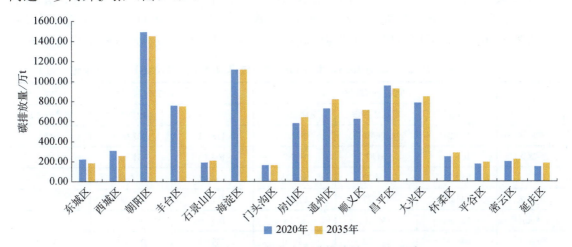

图 9-4　2020 年与 2035 年北京市碳排放量（区级尺度）

分街道来看，2020年碳排放较高的街道主要位于北京市五环至六环的城乡接合部区域，尤其是北部的北七家镇、沙河镇、西北旺镇，南部的新村街道，东部的宋庄镇，碳排放较高。2020～2035年，五环至六环的北部和西南部区域碳排放依然相对较高，但是西部的碳排放的增长幅度变小，怀柔区的雁栖镇、昌平区的马池口镇等成为新的高排放热点区域（图9-5）。

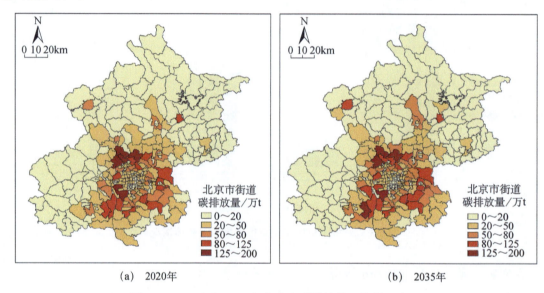

(a) 2020年　　　　　　　　　　　　　　　(b) 2035年

图 9-5　2020年与2035年北京市碳排放量（街道尺度）

9.2.3　分部门碳排放情况

2020年，北京市总体以建筑碳排放占比最高，达58%，用地碳排放占比23%，交通碳排放占比19%，至2035年，由于交通碳排放的下降，建筑和用地碳排放占比进一步升高。从各个区来看（表9-2），大部分区的碳排放结构与北京市较为一致，其中东城区、西城区、朝阳区、海淀区的交通碳排放占比高于全市平均水平，主要是交通拥堵致使交通碳排放较高。2020～2035年，各区呈现建筑和用地碳排放稳中有升，交通碳排放大幅下降的趋势。

表 9-2　2020年与2035年北京市分部门碳排放量（区级尺度）　　　　　（单位：万 t）

区	2020 年碳排放			2035 年碳排放		
	建筑碳排放	用地碳排放	交通碳排放	建筑碳排放	用地碳排放	交通碳排放
东城区	122.24	37.40	61.91	118.52	37.66	29.36
西城区	167.40	50.87	90.87	164.16	51.71	41.61
朝阳区	857.73	291.12	341.35	954.68	325.44	170.35
丰台区	444.07	157.77	153.26	481.45	171.90	96.49
石景山区	121.34	41.63	26.58	144.66	48.95	14.55
海淀区	646.96	211.02	259.01	739.67	246.07	131.14
门头沟区	83.65	42.89	35.81	101.22	51.27	10.90

续表

区	2020 年碳排放			2035 年碳排放		
	建筑碳排放	用地碳排放	交通碳排放	建筑碳排放	用地碳排放	交通碳排放
房山区	345.65	171.94	62.98	389.16	196.20	55.17
通州区	453.66	190.91	80.81	533.67	229.29	53.07
顺义区	365.70	172.13	84.59	441.93	196.50	71.78
昌平区	524.49	215.15	212.40	590.86	245.24	87.07
大兴区	454.95	216.91	111.76	533.61	239.58	73.28
怀柔区	143.93	60.02	43.94	179.01	73.21	32.85
平谷区	111.50	44.87	17.23	126.11	48.35	18.27
密云区	123.08	57.55	19.34	137.58	61.42	22.66
延庆区	90.66	41.52	16.40	119.17	45.97	18.59

2020 年，北京用地碳排放较高的地区位于朝阳区、大兴区、昌平区、海淀区，这些是北京产业用地较为广泛分布的地区，同时还承担着主要的居住功能，因此用地碳排放较高，而外围的延庆区、怀柔区、密云区、平谷区、门头沟区的生态涵养功能更突出，因此碳排放较低。2020～2035 年，海淀区、顺义区、怀柔区、房山区碳排放增长较快，相比于城六区，外围区的用地碳排放增长幅度更大（图9-6）。

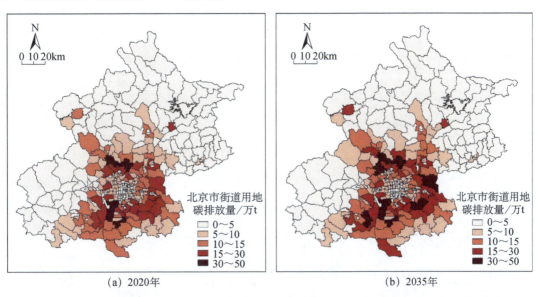

图 9-6　2020 年与 2035 年北京市用地碳排放量（街道尺度）

2020 年，北京建筑碳排放以朝阳区、海淀区、昌平区为主要排放区。建筑碳排放主要由居住建筑、商业建筑和公共服务建筑贡献，因此其与人口分布情况密切相关。海淀区和朝阳区作为北京市主要的居住区，建筑碳排放量高。2020～2035 年，城市整体建筑碳排放有所增加，增长最多的区域集中在北京五环到六环的环状区域的南部和东部，随着人口向近郊和远郊的迁移，这些地区的建筑碳排放有一定增长（图9-7）。

2020 年，北京交通碳排放的高排放区为朝阳区、海淀区、昌平区和丰台区。交通拥堵对交通碳排放影响极大，北京的主要拥堵区集中于主要环线上，因此这些区域贡献了主要的碳排放。2020～2035年，北京市整体的交通碳排放将有较大幅度下降（图9-8），主要是通过道路基础设施和路网的完善对交通拥堵的改善实现的，至2035年，交通碳排放的空间差异性减小。

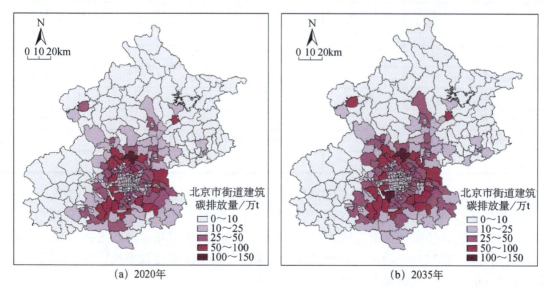

图 9-7　2020年与2035年北京市建筑碳排放量（街道尺度）

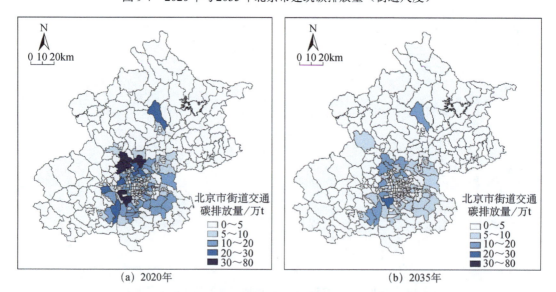

图 9-8　2020年与2035年北京市交通碳排放量（街道尺度）

9.2.4　低碳政策模拟结果

　　基于博雅智城·CitySPS平台的低碳场景，本书对北京市的碳排放进行了情景模拟，模拟了在土地、建筑、交通政策变化下的北京市2035年碳排放情况。博雅智城·CitySPS平台的低碳场景结果可视化界面能够展示政策调节的结果，并对调控前后模型参数、碳排放结果进行对比，提供城市级、区级和街道级三个尺度的碳排放模拟结果（图9-9）。

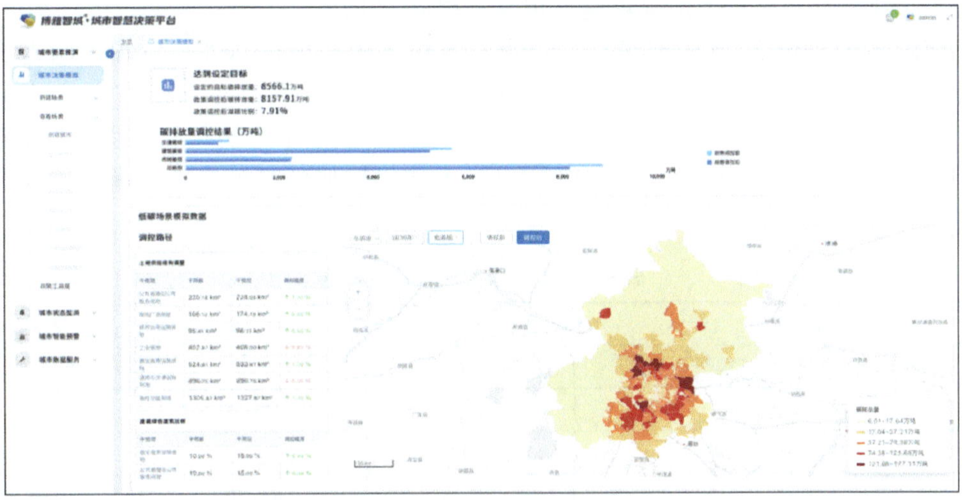

图9-9　低碳城市模拟结果页面

　　页面右上部是对政策调控前后城市级的碳排放对比，包括城市总碳排放、交通碳排放、建筑碳排放以及用地碳排放的条形图对比，可以直观地比较总量和分量的变化情况。页面左下部分对计算工程对应的低碳调控路径进行展示回顾。页面右下部是区级和街道级的各碳排放指标的空间可视化，用户可以选择预测年份，选择城市级、区级和街道级三个空间尺度，查看总碳排、用地碳排、建筑碳排和交通碳排四个指标的空间分布。此外，这里还提供了数据对比表格来展示各行政单元调控前后的指标值变化及变化幅度，用户可以针对指标值和变化幅度进行排序，查看碳排放减少幅度最大的行政单元。

　　本次模拟对2035年北京市的低碳城市场景进行政策干预调控模拟运算。《北京市碳达峰实施方案》提出：构建推动减量发展的体制机制，合理控制开发强度，促进人口均衡发展和职住平衡，实现生产空间集约高效、生活空间宜居适度、生态空间山清水秀。持续推进不符合首都功能定位的一般制造业调整退出，严控、压减在京石化生产规模和剩余水泥产能。大力推动建筑领域绿色低碳转型。新建政府投资和大型公共建筑执行绿色建筑二星级及以上标准。优化出行结构。调整车辆结构，制定新能源汽车中长期发展规划，大力推进机动车"油换电"等低碳发展内容。本次模拟依照上述低碳发展战略，对北京市未来土地供给结构、绿色建筑比例、机动车保有量以及新能源车比例相对于城市自然发展的状态进行了调整。

　　在土地供给结构方面，根据《北京城市总体规划（2016年—2035年）》提出的：压缩中心城区产业用地，严格执行新增产业禁止和限制目录；到2035年城乡产业用地占城乡建设用地比例由现状27%下降到20%以内；适度增加居住及配套服务设施用地，优化居住与就业关系；增加绿地、公共服务设施和交通市政基础设施用地的要求，本次调控将工业用地占比由要求的降低7%调控为降低10%，绿地广场用地增加5%，公共管理与公共服务用地、商业服务设施用地、居住功能用地按照总建设用地规模不变等比例增加。

　　在绿色建筑方面，根据《北京市碳达峰实施方案》提出的"到2025年，新建居住建筑执行绿色建筑二星级及以上标准，新建公共建筑力争全面执行绿色建筑二星级及以上标准。"北京市每年新增建筑占比为2%~3%，因此将2035年居住建筑绿色建筑覆盖率提高到30%，商业和公共服务用地绿色建筑覆盖率提高到15%。

在交通方面，截至2021年底，北京市私人电动乘用车占私人小汽车比例为2.6%，每年新能源汽车指标为5万~6万个，估算新能源汽车比例年增1%左右，据此估算将2035年新能源汽车比例提高到20%。受小客车指标调控政策影响，私人小微型客车每年增长5万~6万辆，至2035年达到约535万辆，本次调控使私家车保有量降低为500万辆，具体调控内容见表9-3。

表9-3　低碳城市场景调控内容

调控项	调控前	调控后	调控幅度
公共管理与公共服务用地/km²	220.19	224.00	↑（1.7%）
绿地广场用地/km²	166.13	174.75	↑（5.2%）
城市公用设施用地/km²	95.81	96.31	↑（0.5%）
工业用地/km²	452.88	408.50	↓（9.8%）
商业服务设施用地/km²	524.81	533.81	↑（1.7%）
居住功能用地/km²	1305.44	1327.88	↑（1.7%）
绿色商业建筑比例/%	10	15	↑（50%）
绿色公共服务建筑比例/%	10	15	↑（50%）
绿色居住建筑比例/%	15	30	↑（100%）
私家车保有量/万辆	535	500	↓（6.5%）
新能源车比例/%	2	20	↑（900%）

经系统计算，北京市2035年政策调控前碳排放总量预测为8858.43万t，模拟目标为降低3%总碳排放，本次综合使用土地供给结构、绿色建筑比例、机动车保有量以及新能源车比例等低碳政策干预下，碳排放量降低至8157.91万t，降低比例为7.91%。考虑不同类别碳排放量调控情况，建筑碳排放量调控后为5208.75万t，较调控前的5662.41万t降低8.01%。用地碳排放量调控后为2251.26万t，较调控前的2268.76万t降低0.77%。交通碳排放量调控后为697.9万t，较调控前的927.26万t降低24.74%。相关信息可如表9-4所示。

表9-4　低碳调控前后数值对比

政策指标	调控前/万t	调控后/万t	调控效果/%
碳排放量	8858.43	8157.91	↓7.91
建筑碳排放量	5662.41	5208.75	↓8.01
用地碳排放量	2268.76	2251.26	↓0.77
交通碳排放量	927.26	697.9	↓24.74

分区域来看（图9-10），与调控前相比，调控后所有区的碳排放都有所降低，主要降低区域为原来碳排放较低的中心区与近郊区域，其中顺义区和海淀区降低最多。但细分到街道来看，王四营地区、小红门地区、南苑街道碳排放量有微弱的上升，其余大部分地区碳排放量都减少，其中长阳镇、张家湾镇减少最多。总体而言，通过土地、建筑、交通的

一体化调控，北京市碳排放具有进一步降低的潜力。

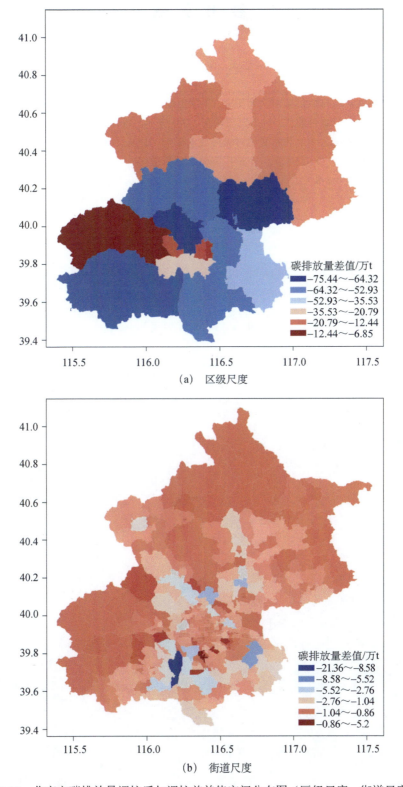

（a）区级尺度

（b）街道尺度

图 9-10　北京市碳排放量调控后与调控前差值空间分布图（区级尺度、街道尺度）

参 考 文 献

陈良侃，陈明星，张晓平，等. 2022. 宜居地球，碳中和与全球可持续城市化. 自然资源学报，37（5）：
　　1370-1382.

杜官印. 2010. 建设用地对碳排放的影响关系研究. 中国土地科学，24（5）：32-36.

仇保兴. 2021. 城市碳中和与绿色建筑. 城市发展研究，28（7）：1-8，49.

曲福田，卢娜，冯淑怡. 2011. 土地利用变化对碳排放的影响. 中国人口·资源与环境，21（10）：76-83.

赵小磊，李雪梅，赵庆先. 2024. 新能源汽车推广降低了碳排放吗？——基于空间溢出效应的视角. 干旱区
　　资源与环境，38（2）：1-8.

第 10 章
城市生命体运行优化调控的方案推荐

在全球气候变化的严峻形势下，减少碳排放已成为我们共同的迫切任务。为有效达成这一目标，我们特此推出了推荐方案系统。该系统不仅赋予用户自主设定减碳目标的灵活性，更依托智能算法，精准推荐最适宜的减碳方案组合，以实现高效的碳减排目标。虽然本章是介绍低碳方案的选择，但是本章所介绍的技术思路与方法也适用于其他政策情景的优化方案选择。

基于用户友好度方面的考虑，系统利用机器学习算法对19万余种调整策略进行非线性拟合，寻找最优的成本调整路径，并通过对比该路径上200多种政策组合，根据用户需求有针对性地提供各个维度下多种符合预期的策略组合结果，构建可调控的方案推荐模块，帮助决策者快速选择优化方案。

10.1　推荐算法模型

本推荐算法模型基于雅可比矩阵（Jacobian matrix）、海塞矩阵（Hessian matrix）和梯度下降（gradient descent）等理论，本节详细介绍了推荐算法模型的理论基础、设计思路和计算步骤。

10.1.1　理论基础

1. 雅可比矩阵（Jacobian matrix）

雅可比矩阵表示为 J，代表一个向量值函数的一阶偏导数。如果有一个函数 $f: R^n \to R^m$，那么雅可比矩阵定义为

$$J[f(x)] = \begin{pmatrix} \dfrac{\partial f_1}{\partial x_1} & \cdots & \dfrac{\partial f_1}{\partial x_n} \\ \vdots & \ddots & \vdots \\ \dfrac{\partial f_m}{\partial x_1} & \cdots & \dfrac{\partial f_m}{\partial x_n} \end{pmatrix} \tag{10-1}$$

雅可比矩阵的每一行包含目标函数 f 的一个参数梯度（Abo-Shanab，2020）。

2. 海塞矩阵（Hessian matrix）

海塞矩阵表示为 H，代表一个标量值函数的二阶偏导数。如果有一个函数 $f: R^n \to R$，那么海塞矩阵定义为

$$H[f(x)] = \begin{pmatrix} \dfrac{\partial^2 f}{\partial x_1^2} & \cdots & \dfrac{\partial^2 f}{\partial x_1 \partial x_n} \\ \vdots & \ddots & \vdots \\ \dfrac{\partial^2 f}{\partial x_n \partial x_1} & \cdots & \dfrac{\partial^2 f}{x_n^2} \end{pmatrix} \tag{10-2}$$

海塞矩阵本质上捕获了在输入空间中所有方向上的函数曲率（Žic et al.，2020）。

3. 梯度下降（gradient descent）

梯度下降是一种迭代优化算法，其核心思想是利用目标函数的梯度信息进行搜索，朝着使函数值下降最快的方向移动（Martens，2020；Wensing and Slotine，2020）。对于一个可微分的损失函数 $L(w)$，其中 w 是参数向量，我们希望找到一个参数值，使得 $L(w)$ 达到最小。函数在某点 $L(w)$ 的梯度 $\nabla L(w)$ 指向该点处函数值上升最快的方向，其大小表示上升的速率。因此，沿着梯度的负方向移动，使函数值下降的速度更快。其迭代过程如下：给定一个初始参数值 w_0，梯度下降的每一次迭代都更新参数值：

$$Hw_{t+1} = w_t - \eta \nabla L(w) \tag{10-3}$$

式中，η 为学习率，一个正的标量值，学习率决定了在每次迭代中参数向负梯度方向移动的步长。学习率是一个关键的超参数。如果设定得太大，算法可能会在最小值附近震荡，甚至可能发散；而如果设定得太小，算法的收敛速度会很慢。

梯度下降是一种强大的优化工具，通过沿着损失函数梯度的负方向迭代更新参数，以达到最小化损失函数的目的。其效果和收敛性取决于多个因素，如学习率的选择、函数的凸性以及梯度下降的特定变种。

其中，雅可比矩阵和海塞矩阵均为导数，雅可比矩阵为一阶导数，海塞矩阵为二阶导数，两者存在阶数的差异（Wang and Qing，2021）。但是，两者在梯度的分析中均具有重要的地位。梯度（一阶导数的向量）相当于雅可比矩阵的一行/列。该目标函数的海塞矩阵给出了梯度每个组件的二阶导数。如果对一个标量函数的梯度取雅可比矩阵，将得到海塞矩阵，这种关系可以表述为给定 $f : R^n \rightarrow R$，那么 $H\{f[f(x)] = J[\nabla f(x)]$。在优化的过程中，它们却各有优劣，雅可比矩阵通常更容易计算，而海塞矩阵由于其二阶性质在计算上更为密集，但提供了关于函数曲率更丰富的信息。

10.1.2　推荐算法模型的算法设计

1. 研究的问题

为实现特定目标，如何基于城市复杂模型推荐最优的策略。由于城市复杂模型是一个非线性模型，是一个跨学科的任务，涉及地理、经济、社会学、计算科学等多个领域，包含大量的可调节变量（De Vos et al.，2018；Engebretsen et al.，2018；Phe and Wakely，2000；Li et al.，2013；Næss et al.，2019）。城市系统的不同组成部分（如经济、交通和环境）是交互和耦合的。例如，经济增长可能导致交通需求增加，反过来又可能影响环境质量。同时，在城市系统中，许多过程都涉及非线性反馈，这使得模型可能是不可预测的。

2. 算法的设计思路

在收益确定的情况下，将方案执行总成本作为惩罚函数来计算成本最小的方案。由于每一个策略中含有多个参数，所以策略是一个向量，调整的方向是成本下降最快的方向。然而，由于模型的非线性和不可预测性，并且模型中包含大量的连续变化的参数，我们无法对所有策略进行模拟，因此可以利用概率分析探索最优策略。

　　经过城市复杂模型模拟的策略属于确定策略，而没有经过模拟的策略属于随机策略。确定策略的输出结果是经过系统确定的，而非估计量，当一个策略为确定策略且梯度下降最快时，该策略的选择概率为1。随机策略的结果是估计的结果，可能和真实结果存在差异，意味着成本最小的策略有一定的概率成立，因此，在估计模型输出结果的同时，我们还需要设定梯度下降不是最快路径的概率。

　　当模型中函数形式比较明确或者确定策略数量较多时，我们可以利用雅可比矩阵和海塞矩阵寻找最优策略，在初始条件下，我们假设海塞矩阵为0矩阵。算法中的主要概念包括确定终止条件、学习率和梯度下降最快路径被选择的概率。

　　终止条件（termination condition，TC）。本研究的终止条件是模型的优化目标，为用户输入参数。

　　学习率（η）。学习率为参数的调整单位，是一个和策略维度一致的向量。学习率和城市模拟次数成正比。学习率越小，需要对城市复杂系统进行模拟的次数越多，推荐的效率越低，推荐策略的精度越高。学习率越大，需要对城市复杂系统进行模拟的次数越少，推荐的效率越高，推荐策略的精度越低。

　　可调整参数成本最小的概率（prob）。策略中可调整参数（p_x）的调整幅度介于两个确定策略 A 和 B 之间，分别对应的碳排放结果为 $f(A)$ 和 $f(B)$，对应的真实成本分别为 $\text{cost}(A)$ 和 $\text{cost}(B)$，p_x 的估算成本（C_{p_x}）的计算方法为

$$C_{p_x} = (f(B) - f(A)) \cdot \frac{\text{cost}(n \cdot \eta) - \text{cost}(A)}{\text{cost}(B) - \text{cost}(A)} + f(A) \qquad (10\text{-}4)$$

如果 p_x 的成本最小，即 $C_{p_x} = C_{P_{\min}} = \min(C_{p_1}, C_{p_2}, \cdots, C_{p_i})$，那么该参数的概率为

$$\text{prob}_{p_x} = \max\left(\frac{C_{p_{\min}}}{\sum_i C_{p_i}}, \frac{n \cdot \eta}{b}\right) \qquad (10\text{-}5)$$

如果 p_x 的成本并非最小，那么该参数的概率为

$$\text{prob}_{p_x} = \left[1 - \max\left(\frac{C_{p_{\min}}}{\sum_i C_{p_i}}, \frac{n \cdot \eta}{b}\right)\right] \cdot \frac{C_{p_{\min}}}{\sum_i C_{p_i}} \qquad (10\text{-}6)$$

3. 计算步骤

　　步骤1：由于策略空间存在边界，因此优化方案推荐策略初始化的过程中，会对城市模型初始状态和单个参数调整至阈值的策略进行模拟。当策略中包括 n 个可调整参数时，那么初始化的策略空间中确定策略为 $n+1$ 个，并将初始状态作为调整策略（AS）。

　　步骤2：在所有未调整至阈值的可调节参数中选择成本最小的参数，记为 $P_{\min}$。当 $P_{\min}$ 调整至阈值的结果小于终止条件时，那么将 AS 中的该参数调整至阈值，并重复步骤2，当 $P_{\min}$ 调整至阈值的结果大于终止条件时，进入步骤3。

　　步骤3：根据 $P_{\min}$ 和确定策略确定调整幅度 $n \cdot \eta$，利用式（10-7）计算 $P_{\min}$ 成本最小的概率，利用式（10-8）计算其他变量成本最小的概率。根据概率随机选取策略，并标记为确定策略。对该策略进行模拟，如果结果不等于终止条件，继续重复该步骤。如果结果等于终止条件，将 AS 中的该参数调整至 $n \cdot \eta$，并终止运算。其中，

$$n = \text{ceil} \left[\frac{TC - \sum\limits_j f(p_j)}{\eta} \right] \quad （10\text{-}7）$$

且

$$TC > \sum\limits_j f(p_j) \quad （10\text{-}8）$$

$\sum\limits_j C_{p_j}$ 为步骤 2 中，调整至阈值的参数的碳排放量之和。

10.2　推荐方案设计

基于推荐方案算法模型的深入研究和优化，我们开发出一套推荐方案系统，并将其作为低碳场景中的一项核心功能予以实施。

10.2.1　推荐系统组成

推荐方案系统主要由"调控面板"和"模拟结论"两大功能组成。用户通过调控面板设定 2025 年的减碳目标，系统利用机器学习算法智能推荐实现预期目标的方案组合，或用户可选择自由调控模式，自行设定不同的调整方案。完成指标调控后，系统根据用户选择的方案智能计算并推演减碳方案结果，并在"模拟结论"页面展示，如图 10-1 所示。

图 10-1　推荐方案系统调控面板

1. 调控面板

推荐方案系统"调控面板"页面主要由"设定减碳目标"和"设定调控指标"两大版块组成，以便用户能够有效地设定和调整减碳策略。

在"设定减碳目标"版块中，用户将看到两个关键指标：基准碳排放量和目标碳排放量。基准碳排放量是指在政策调控前，根据2025年城市要素推演计算出的碳排放量，而目标碳排放量则是假设进行政策干预后，2025年的预期碳排放量。

接下来的"设定调控指标"版块分为"智能推荐模式"和"自由调控模式"两个部分。在"智能推荐模式"中，系统通过预设模型和机器学习算法，对19万余种调整策略进行非线性拟合，寻找最优的成本调整路径。系统将从200多种政策组合中，按照"经济成本最低方案"、"环境影响最低方案"和"实施时间最短方案"三个类别，为用户推荐达到减碳目标的最佳方案。每个方案都涉及"提高绿色建筑比例"、"土地供给结构调整"、"提升新能源车比例"、"空间用途管制"、"征收交通拥堵税费"和"增修地铁线路"六大方面，针对各方案均提供经济成本、碳排放量和实施时间的预测，以便用户根据自身需求对比选择。

而在"自由调控模式"中，用户可以自由调整上述六大类可调控指标的具体数值，并根据调整后的方案目标获得模拟结果。这种模式为用户提供了更大的灵活性和控制权，使他们能够根据自己的具体需求和目标定制减碳策略。

2. 模拟结论

推荐方案系统的"模拟结论"页面由"低碳场景模拟结论"和"低碳场景模拟详情"两大功能版块组成，以全面展示用户所设定减碳策略的效果。

在"低碳场景模拟结论"版块中，用户可以直观地看到根据"调控面板"所选择或自由调整的指标得出的模拟计算结果。这里不仅展示了"交通碳排放"、"建筑碳排放"、"用地碳排放"和"总碳排放"的数值，还对比了政策调控前后的变化，使用户能够清楚地了解其减碳策略的实际影响。

接着，"低碳场景模拟详情"版块则深入展示了"提高绿色建筑比例"、"土地供给结构调整"、"提升新能源比例"、"空间用途管制"、"征收交通拥堵税费"和"增修地铁线路"六大调控政策的具体细节。这部分内容详细阐述了每项政策调控前后的结果数值和调控幅度，为用户提供了更深入的洞察。

最后，系统提供了一个实用的功能，允许用户根据模拟结果下载推荐方案的调控报告。这一功能使用户能够方便地获取和分享关于其减碳策略的详细信息和结论，为进一步的决策和讨论提供依据。

10.2.2　推荐方案生成流程

推荐方案生成过程由设定减碳目标、形成推荐方案两步组成。用户根据自身需求设定目标，系统会根据用户设定的目标和区域的基础情况、政策要求、未来规划目标等基础条件，估算各类政策和政策组合实施所需的时间成本、金钱成本以及所能达成的政策效果，形成智能推荐方案。下面以低碳城市场景为例，介绍推荐方案的生成流程。

1. 设定减碳目标

用户可根据自身需求、规划要求设定目标年份的碳排放量，如图 10-2 所示，设定目标碳排放量为 56.52 万 t。其中，"基准碳排放量"指根据要素推演模块，计算出的无政策干预下的目标年份碳排放量；"目标碳排放量"指用户设定的在后续政策干预情况下，将要达成的碳排放量目标。在该模块中，用户可通过滑动滑块选择预期减少的碳排放比例或直接填写目标年份碳排放量数值，为推荐方案生成设定要求。点击右侧"重置"按钮，可以将"目标碳排放量"重置为干预之前的数值，重新进行设定。

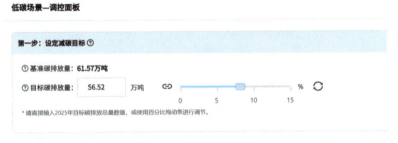

图 10-2　设定减碳目标

2. 形成推荐方案

在"调控指标"版块平台默认选择的"智能推荐模式"即系统依据现有设定生成的推荐方案，如图 10-3 所示。

图 10-3　智能推荐模式

在界面中，系统会一次性展示出 4～5 个目前政策情景下较好的推荐方案。其中，排名第一的方案为系统推荐的最优方案。推荐方案的种类根据其采取的政策数量和类型的不同，分为单一类型政策和混合类型政策。政策类型分为土地供给结构调整、提升新能源车比例、提高绿色建筑比例、增修地铁线路、征收交通拥堵税费方面。每个推荐方案上，都会显示该政策的类型和所采取的政策名称。用户可以通过后续对比，选中自己期望选择的目标方案。被选中的方案呈现橙色。

在这一步中，博雅智城·CitySPS平台支持根据推荐方案的时间成本和货币成本以及所能达成的政策效果将推荐方案进行排序，以便于使用者选择最合适的方案。点击上方的最优方案排序可以切换排序方式（图10-4）。在每种排序情况下，所展示的推荐方案也有所不同，所推荐的排名第一的最优方案也有所不同。

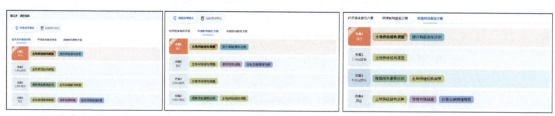

(a)经济成本最低方案   (b)环境影响最低方案   (c)实施时间最短方案

图10-4   不同目标的推荐方案排序页面

选择好合适的方案后，在推荐方案列表的右侧会显示出选中方案的总成本估算和相应的解释说明。其中，解释说明部分主要用于解释排序方式逻辑。在右上角会显示方案的预计减碳比例（图10-5）。

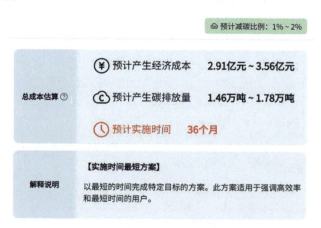

图10-5   成本估算

"总成本估算"部分主要从预计产生货币成本、预计产生碳排放量、预计实施时间三个角度出发，统计推荐方案实施各项政策所产生的总成本，以便于用户确认方案的选择。

该部分的下方会展示选中方案所涉及的政策。推荐方案组合涉及六个政策指标，包括土地供给结构调整、提高绿色建筑比例、提升新能源车比例、征收交通拥堵税费、增修地铁线路、空间用途管制。

以选中经济成本最低方案中的方案1为例，在此处展示的即方案1所涉及的两个政策指标的详情（图10-6）。

图 10-6　政策指标详情

在左侧方案实施前后指标对比的表格中，会展示选中的政策指标在政策影响下，调整前和调整后的数值以及变化幅度。在表格右侧会展示所选指标的分项成本估算以及对于政策本身、政策在目标城市的预计实施情况，方便使用者确认各类政策情况，从而进行方案选择（图 10-6）。

平台使用者通过对比不同方案的时间成本、货币成本以及所能达成的政策效果，可以通过在平台展示的几个推荐方案中，根据自身需求的特定条件，选出在目标条件下的最优方案。

10.3　方案推荐示例

接下来，我们将通过两个低碳场景的案例，对这一功能进行演示。在此过程中，我们将通过对比自由调控模式，深入体验智能推荐模式所带来的便捷性。同时，我们还将探讨不同碳排放量目标对推荐方案的具体影响，以期为用户提供更为精准、高效的低碳解决方案。

10.3.1　推荐方案与自由调控

如图 10-7 所示，根据要素推演模块的计算结果，在无政策干预的情况下，基准碳排放量为 71.55 万 t。若用户认为此结果不符合预期，希望在此基础上减少 8% 的碳排量，即目标值为 65.83 万 t，那么可以直接设定减碳目标。接下来，系统会根据区域的基本情况，估算各类政策和政策组合实施所需的经济、碳排放和时间成本，进而生成智能推荐方案。智能推荐方案由以下六个政策指标组合而成：土地供给结构调整、提高绿色建筑比例、提升新能源车比例、征收交通拥堵税费、增修地铁线路以及空间用途管制。

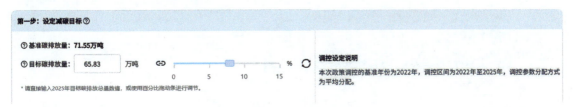

图 10-7　基准碳排放量和目标碳排放

如图 10-8 所示，系统针对经济成本、环境影响和实施时间，分别为三类用户提供五种推荐方案。在经济成本较低的五种方案中，方案1以其最低的经济成本脱颖而出，预计产生的经济成本为3.11亿～3.8亿元，碳排放量为0.05万～0.06万t。为实现这一方案，需结合土地供给结构调整、提升新能源车比例和征收交通拥堵税费三种调节手段。然而，该方案虽经济成本低，但实施时间约为8年，因此较适合关注财政支出效益的用户，但对于追求高效和短期内实现调控的用户而言，可能并不理想。这类用户可参考图10-9中第三类实施时间最短的方案。方案1预计实施时间为3年，但经济成本相应增加至13.69亿～16.73亿元。

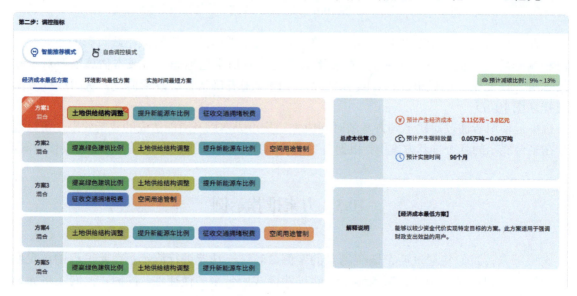

图 10-8　系统推荐的经济成本最低方案

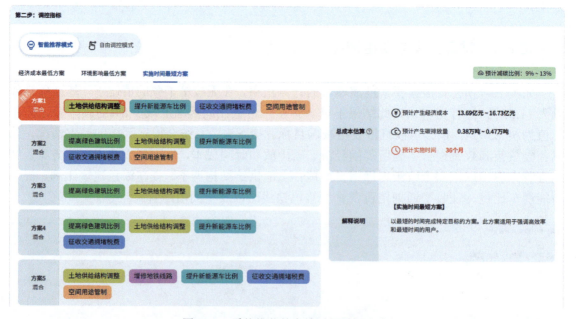

图 10-9　系统推荐的实施时间最短方案

　　而在自由调控模式，设定相同的碳排放减少目标后，用户需根据自身判断手动调整土地供给结构、提高绿色建筑比例、提升新能源车比例、征收交通拥堵税费、增修地铁线路以及空间用途管制等六项措施。笔者在调整上述措施的过程中，将工业用地减少5%，绿色建筑覆盖率提升至35%，新能源车比例增至12%，然而，据此得出的政策调控后减碳比例仅为3.58%，远未达到11%的预期目标，因此需要对参数进行调整，如图10-10所示。这显示出单纯依赖主观判断和直觉可能难以准确达到减排目标，且在这个过程中，指标数值的试错和调整会相当复杂且耗时。面对这种情况，系统所提供的推荐方案显得尤为关键。这些推荐方案基于大数据分析和算法优化，能够更精确地预测和评估不同措施对碳排放的影响，从而为用户提供更加科学和有效的减排路径。通过采纳这些推荐方案，用户能够避免过多的试错和调整，更加高效地完成减碳目标。此外，自由调控模式与系统推荐方案并非相互排斥，而是可以相互补充。用户可以在系统推荐方案的基础上，结合自身的实际情况和判断，进行更加细致的自由调控。这样既能保证减排目标的科学性，又能充分发挥用户的主动性和创造性。

图 10-10　自由调控模式

　　总的来说，自由调控模式虽然为用户提供了更多的自主权和灵活性，但在实际操作中可能面临较大的挑战和不确定性，而系统所提供的推荐方案则能够为用户提供更加经济和有效的减排路径，帮助用户更加高效地确定减碳方案。因此，在运用自由调控模式时，用户应充分借助系统推荐方案的力量，以实现更加理想的减排效果。

10.3.2　不同碳排放量目标下的推荐方案情况

　　在设定不同的碳排放量目标的情况下，系统所给出的推荐方案情况也有所不同。此处将以低碳城市场景下，减少碳排放量2%及8%为例，展示推荐方案在不同减碳强度下的生成情况（图10-11）。

　　1. 减少碳排放量2%

　　在选择减少碳排放量2%时，所生成的方案包括土地和建筑方案以及混合方案两种类型。各推荐方案所涉及的政策指标数量较少，以2～3个为主，个别方案仅涉及单一指标。在政策类型上，以土地供给结构调整、提高绿色建筑比例等为主（图10-12）。

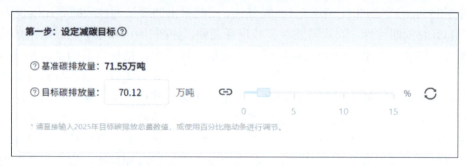

图 10-11　减少碳排放量的显示

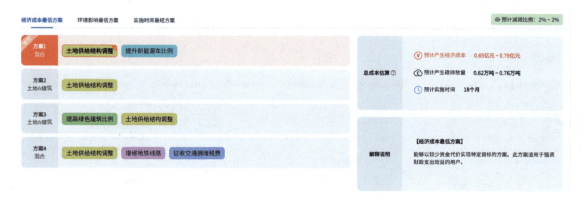

图 10-12　自动推荐混合方案的页面

选择对应的方案后，右侧会显示对应方案的总成本估算。在预计产生经济成本方面，大部分方案的成本在1.73亿～2.11亿元。在预计产生碳排放量方面，部分方案不产生任何碳排放量，可供以环境影响最低为目标的用户选择，预计产生碳排放量在0.62万～0.76万t之间。在预计实施时间方面，实施时间在36个月（图10-13）。

在成本估算部分下方的政策指标变动展示部分，可以看到各项指标的变化幅度。在减碳比例为2%时，各项指标的变化幅度较小，最高不超过35%，分项成本变化的离散程度也较为集中。

因此，在设定的减碳比例较低时，推荐方案生成以低成本实现目标为主，方案类型避免复杂，政策类型以土地供给结构调整、交通政策管制为主。

2. 减少碳排放量8%

在选择减少碳排放量8%时，由于需要达成较高的减碳目标，所生成的方案均为混合类型的政策方案（图10-14）。各推荐方案所涉及的政策指标数量较多，以2～4个为主，多数推荐方案涉及的指标数量达到4个及以上。在政策类型上，政策类型混合度较高，各方面的政策类型均有涉及，以土地供给结构调整、征收交通拥堵税费、提升新能源车比例、空间用途管制等为主。

选择对应的方案后，选中方案的右侧栏会显示对应方案的总成本估算。在预计产生经济成本方面，由于减碳幅度较大，经济成本稍高。在预计产生碳排放量方面，与低幅度减碳方案相比，预计产生碳排放量在 3.12 万～3.82 万 t 之间。在预计实施时间方面，实施时间在 18 个月（图 10-15），与低幅度减碳方案相差不大。

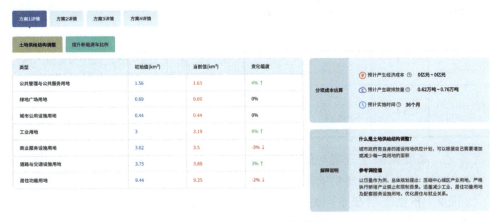

图 10-13　成本估算的页面

图 10-14　自动推荐混合方案页面

图 10-15　成本估算页面

在成本估算部分下方的政策指标变动展示部分，可以看到各项指标的变化幅度。在减碳比例为 8% 时，各项指标的变化幅度较大，最高达 68.35%，分项成本变化的离散程度也较大。因此，在设定的减碳比例较高时，推荐方案生成以尽量达成减碳目标为主，方案类型会尽可能调动一切因素服务于减碳，政策类型以土地供给结构调整、土地用途管制、交通政策管制为主。表 10-1 是两类减碳幅度的推荐方案情况对比。

表 10-1　两类减碳幅度的推荐方案情况

目标	政策类型(单一/混合)	涉及政策指标数量	预计产生经济成本	预计产生碳排放量	预计实施时间	政策方案变化幅度	主要涉及政策指标
减碳2%	各占50%左右	1~3个	0.65亿~3.56亿元	0.06万~1.78万t	18~36个月	0%~35%	土地供给结构调整、提高绿色建筑比例、征收交通拥堵税费
减碳8%	均为混合类型政策	2~4个	0.64亿~5.59亿元	2.81万~60.19万t	18~36个月	0%~68.35%	土地供给结构调整、征收交通拥堵税费、提升新能源车比例、空间用途管制

　　总而言之,高减碳幅度方案与低减碳幅度方案相比,政策类型混合程度较高、产生碳排放量明显增多,分项成本变化的离散程度也较大,而预计产生经济成本、预计实施时间差异不大。因此,根据平台在不同减碳方案上的特征,用户可以科学合理地根据自身需求,选择不同类型的推荐方案以达成自身目标。

参 考 文 献

Abo-Shanab R F. 2020. Dynamic modeling of parallel manipulators based on Lagrange-D'Alembert formulation and Jacobian/Hessian matrices. Multibody System Dynamics, 48 (4): 403-426.

De Vos J, Ettema D, Witlox F. 2018. Changing travel behaviour and attitudes following a residential relocation. Journal of Transport Geography, 73: 131-147.

Engebretsen Ø, Næss P, Strand A. 2018. Residential location, workplace location and car driving in four Norwegian cities. European Planning Studies, 26 (10): 2036-2057.

Li H, Campbell H, Fernandez S. 2013. Residential segregation, spatial mismatch and economic growth across US metropolitan areas. Urban Studies, 50 (13): 2642-2660.

Martens J. 2020. New insights and perspectives on the natural gradient method. Journal of Machine Learning Research, 21 (146): 1-76.

Næss P, Strand A, Wolday F, et al. 2019. Residential location, commuting and non-work travel in two urban areas of different size and with different center structures. Progress in Planning, 128: 1-36.

Phe H H, Wakely P. 2000. Status, quality and the other trade-off: Towards a new theory of urban residential location. Urban Studies, 37 (1): 7-35.

Wang Y, Qing D. 2021. Model predictive control of nonlinear system based on GA-RBP neural network and improved gradient descent method. Complexity, 2021 (3): 1-14.

Wensing P M, Slotine J J. 2020. Beyond convexity-contraction and global convergence of gradient descent. PLoS One, 15 (8): e 0236661.

Žic M, Subotić V, Pereverzyev S, et al. 2020. Solving CNLS problems using Levenberg-Marquardt algorithm: A new fitting strategy combining limits and a symbolic Jacobian matrix. Journal of Electroanalytical Chemistry, 866: 114171.

第 11 章

城市系统模型试用版介绍

博雅智城·CitySPS平台推出试用版本（Demo版），以CitySPS城市系统模型为原理，基于城市生命体运行预测与智慧预警技术（CitySPS_SPSW）和城市计算引擎（CitySPS_UCE），依托"城市运行状态监测"、"城市发展趋势推演"、"城市系统智能预警"和"城市决策场景模拟"四大核心功能，构建虚拟城市"Demo市"，模拟"监测诊断—模拟预测—评估预警—优化方案"城市治理全流程，全面展示CitySPS城市系统模型在城市管理和政策决策中的实际应用。

11.1　Demo版城市简介

通过博雅智城·CitySPS平台Demo版构建虚拟城市Demo市（Demo city），模拟城市人口、交通、区域经济、土地利用等各子系统的运行模式，对Demo市的发展趋势和政策场景进行模拟预测和评估预警。Demo市模拟了与现实城市相似的复杂特性，并具备一套完整的输出和输入数据，可支撑实现"监测诊断—模拟预测—评估预警—优化方案"全流程计算。表11-1展示了平台正式版和Demo版技术内核方面的对比情况。

表 11-1　平台正式版与Demo版技术内核对比

技术内核	Demo版	正式版
CitySPS城市系统模型	完整	完整
模型算法设计	G1城市机理算法	G1城市机理算法
	G2城市机器学习算法	G2城市机器学习算法
	—	分模块机器学习算法
计算数据体量	千万级数据	百亿级数据
计算目标面积	约25km²	约1万km²
政策调控范围	受限	不受限
可视化效果	综合可视化大屏	综合+模块化可视化大屏

在平台功能方面，Demo版保留了正式版四大核心功能，包括城市发展趋势推演的指标详情页面、城市决策场景模拟中低碳城市的系统推荐方案和自由调控功能、城市运行状态监测的城市综合大屏展示，以及部分城市系统智能预警功能，具体功能对比详见表11-2。

表 11-2　平台正式版与Demo版核心功能对比

功能模块		功能	Demo版	正式版
城市发展趋势推演	全局推演	定制计算范围/属性	×	√
		修改输入数据	×	√
		上传输入数据	×	√
		指标详情页面	√	√
		报告导出	×	√

续表

功能模块		功能	Demo 版	正式版
城市发展趋势推演	模块计算·月度人口分布与综合交通模拟	定制计算范围/属性	×	√
		修改输入数据	×	√
		上传输入数据	×	√
		浏览计算结果	×	√
		报告导出	×	√
	模块计算·街道尺度交通流分配	定制计算范围/属性	×	√
		修改输入数据	×	√
		上传输入数据	×	√
		浏览计算结果	×	√
		报告导出	×	√
城市决策场景模拟	低碳城市	设定调控目标	√	√
		优化方案	×	√
		八大调控变量	部分	完整
		调控范围	受限	不受限
		查看调控结果	√	√
		报告导出	×	√
	政策工具箱	政策场景自定义	×	√
		指标调控范围	×	√
		定制场景计算	×	√
		计算结果浏览	×	√
		报告导出	×	√
城市运行状态监测		综合大屏	√	√
		分项大屏	×	√
		运行监测评分	√	√
城市系统智能预警	智能预警	分尺度指标预警	√	√
		分区域指标预警	×	√
		区域预警情况对比	×	√
	预警诊断	预警诊断结果浏览	√	√
		年份对比	√	√
		报告导出	×	√
其他辅助功能	项目数据管理	项目状态查询	√	√
		结果数据查询	√	√
		表单下载	×	√
	数据分析与报告	生成分析图表	×	√
		下载分析报告	×	√

Demo 市是一个相对独立的虚拟城市，与周边城市联系较弱，下辖 3 个区（图 11-1）

和9个街道（图11-2），3个区分别是市中区、城东区和城西区，市中区位于城市的中心区域。Demo市总面积为25km²，城市发展定位为建设绿色宜居城市。

图 11-1　Demo市行政区划（区级）

图 11-2　Demo市行政区划（街道级）

Demo市常住人口约为23.8万人，其空间分布情况如图11-3所示，人口密度为9485人/km²。Demo市常住人口中49.16%为男性，50.84%为女性。在常住人口的年龄结构方面，0~17岁的未成年人口占11.54%，18~59岁人口占75.10%，60岁及以上的老年人口占13.36%。人口密度空间分布方面，市中区人口密度最大，为11811人/km²。同时，Demo市就业岗位数量约为14.6万个，城东区就业岗位数量和职住比最高，分别为7.48万个和93.11%，其次为市中区，最后是城西区。

图 11-3　Demo市人口现状

区域经济方面，Demo市2022年地区生产总值为60.25亿元，人均GDP为3.7万元，城市平均房价约为9085元/m²。如图11-4所示，市中区平均房价最高，为10163元/m²，城东区房价最低，为8456元/m²。

Demo市拥有较完善的城市交通网，如图11-5所示，城市中一条高速路在东侧穿过，一条地铁线穿过城市中心，以及若干主干道及支路，城市汽车拥有量达到5万辆。

土地利用方面，城市占地面积约为25.07km²，其中建设用地面积约为18.95km²，占总面积的75%以上。从分区来看，市中区开发强度最高，达98.48%。从用地类型来看，城市居住功能用地面积为7.69km²，占总面积的30.67%，其次为道路与交通设施用地，占总面积的14.96%，商业用地和工业用地占比均为9%左右（图11-6）。

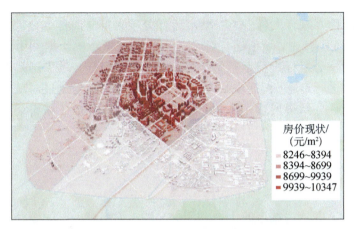

图 11-4　Demo 市房价现状

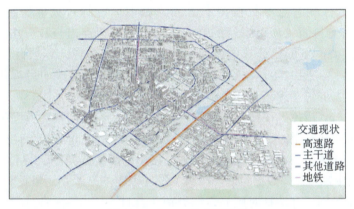

图 11-5　Demo 市交通现状

图 11-6　Demo 市土地利用情况

11.2　Demo 版城市运行状态监测

博雅智城·CitySPS 平台 Demo 版的第一大功能为城市运行状态监测，该功能主要是对 Demo 版的城市生命体运行状况进行模型构建与系统监测，在操作流程上主要包含城市运行综合大屏(简称"综合大屏")、城市运行分项大屏(简称"分项大屏")与城市运行监测评分三大部分。其中,城市运行综合大屏是选取城市的土地利用、交通、人口就业、区域经济等模块的核心指标进行运行结果展示;而城市运行分项大屏是对城市的单个子模块的所有指标结果进行专项图表展示;城市运行监测评分则是通过对城市整体运行情况建立评分体系来进行评分结果展示。Demo 版本向所有用户开放了城市运行综合大屏与城市运行监测评分功能。

11.2.1　城市运行综合大屏

城市运行综合大屏是对城市的土地利用、交通、人口就业、区域经济等模块的核心指标的现状运行结果进行图表展示。用户可以通过点击博雅智城·CitySPS 平台 Demo 版左侧界面的"城市运行状态监测"按钮下方的"城市运行综合大屏"跳转到该功能(图11-7),然后点击右侧界面"城市运行综合大屏"下方的"点击查看"按钮,在弹窗的"选择模块"中选择需要浏览的已计算的模块,而后在下方"选择计算项目"一栏中选择对应的已计算的项目名称(图11-8),点击"下一步"将跳转至对应的可视化大屏。

城市运行综合大屏包含深色与浅色两种主题风格(图11-9),用户可以点击可视化界面左上角的"深色"与"浅色"按钮进行风格切换,以适应不同用户对界面风格的浏览需求。在浏览综合大屏可视化结果时,用户可以通过点击界面右上角进行年份切换,以便浏览对应年份的各类数据。同时,城市运行综合大屏可根据不同的数据类型呈现不同的空间可视化内容,用户可在界面中部"选择数据类型"按钮(图11-10)中选择街道数据、道路数据以及OD数据等不同的数据类别,并选择对应的详细类别(表11-3),界面将对应切换为该数据在空间上的可视化内容,用户可以通过滚轮缩放改变地图大小以及通过拖动鼠标光标查看不同街道的对应数据,也可以通过点击"选择街道"按钮选定对应的街道,界面将定位并高亮显示该街道的数据。此外,为方便用户更加直观地了解Demo市的基本信息,空间可视化地图下方提取了城市子系统的关键数据进行展示,包括城市就业总量、人口总量、交通出行总量、房地产价格均价、建设用地面积等数据,用户可以通过点击这些数据查看近几年的变化趋势。

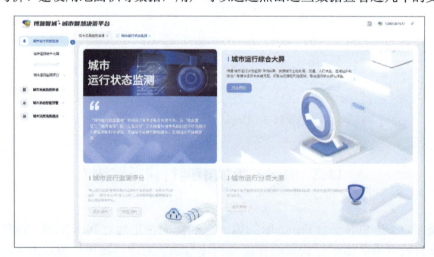

图 11-7　Demo 版城市运行状态监测功能入口

图 11-8　Demo 版城市运行综合大屏功能入口

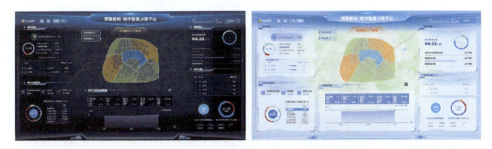

图 11-9　博雅智城·CitySPS 平台 Demo 版城市运行综合大屏深色主题（左）与浅色主题（右）

图 11-10　博雅智城·CitySPS 平台 Demo 版数据类型选择示意图

表 11-3　博雅智城·CitySPS 平台 Demo 版城市运行综合大屏可浏览的数据类别

数据类型	详细类别
街道数据	区域居住人口数量
	非建设用地面积

数据类型	详细类别
街道数据	公共管理与公共服务用地面积
	绿地广场用地面积
	城市基础设施用地面积
	工业用地面积
	商业服务设施用地面积
	道路与交通设施用地面积
	居住功能用地面积
	街道岗位数
	街道职住比
	街道房价
	人均交通碳排放量
	街道碳排放量
道路数据	平均拥堵指数
	早高峰拥堵指数
	晚高峰拥堵指数
	高峰期拥堵指数
	平均汽车当量
	早高峰汽车当量
	晚高峰汽车当量
	高峰期汽车当量
OD数据	未成年男性的交通出行量
	未成年女性的交通出行量
	劳动力男性的交通出行量
	劳动力女性的交通出行量
	老龄男性的交通出行量
	老龄女性的交通出行量
	OD交通出行量

除空间可视化之外，城市运行综合大屏还包含Demo市的土地利用、区域经济、人口就业、交通、环境等子系统的关键数据的图表展示。其中，城市土地利用数据包含Demo市的全市居住用地容积率、城市各类用地面积占比以及城市各个街道房价及排名。城市人口就业数据包含全市职住关系系数、老龄化率、未成年人占比以及分类别（未成年男/女、老龄男/女、劳动力男/女）的居住人口的数量及占比。城市环境数据包含城市碳排放总量、综合交通碳排放量、建筑碳排放量以及用地碳排放量。城市交通数据包含各类街道的拥堵指数及拥堵排名、城市45min通勤圈覆盖率以及城市居民各类别出行方式（自行车、公交车、私

家车、步行、摩托车、地铁、出租车）比例。

11.2.2　城市运行监测评分

通过城市运行监测评分模块建立"城市运行监测体系"，基于社会宜居、经济高效以及生态文明三大维度和 84 个具体监测指标，对城市健康和运行状态进行综合评估。Demo 版本保留了城市运行监测评分模块的打分功能、各年份数据对比功能和数据统计功能。

点击 Demo 版平台主菜单栏的"城市系统智能预警"按钮，在"选择模块"及"选择计算项目"下方选择需要查看体检结果的计算项目[图 11-11（a）]，最后点击"浏览评估结果"即可进入城市运行监测评分页面，页面包含"指标知识图谱"及"年份对比"两大内容。

"指标知识图谱"是平台基于"经济高效、生态文明以及社会宜居"三大城市目标构建的指标体系，该指标体系将 84 项城市指标按照目标层、准则层、指标层三大层级进行分类，可以通过点击指标族谱内的每项指标查看它们之间的关联关系[图 11-11（b）]，同时在界面右侧浏览指标得分及排名。界面右侧信息栏显示监测指标意义、对应变量以及评分规则解释。页面顶部提供页面基础交互功能，如搜索相关模块、显示分数、选择年份以及选择指标层级等。

（a）　　　　　　　　　　　　　　　　（b）

图 11-11　Demo 市"城市运行监测评分"

不同年份的监测评分对比也是评估城市状态的重要条件，平台提供"年份对比"功能，用户通过点击顶部"年份对比"按钮即可访问（图 11-12）。通过点击页面上方的年份选择栏，主界面以表格形式直观显示这两个年份的每项指标的得分情况，以便用户更为清晰地了解 Demo 市在不同年份的发展状况与健康水平。同时，界面右侧的信息栏将评分数值按照五个等级（优秀、良好、中等、及格与不及格）进行划分，同时显示数据统计情况，用户可以通过年份对比结果对 Demo 市的发展状态进行判断，为后面的趋势推演、场景模拟等功能提供参考。

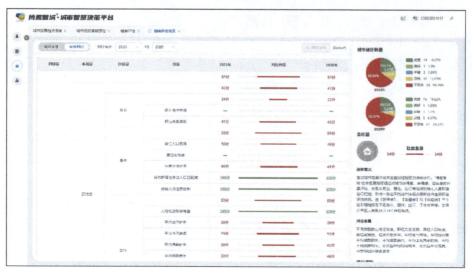

图 11-12　Demo 版城市运行监测评分"年份对比"功能界面

11.3　Demo 版城市发展趋势推演

博雅智城·CitySPS 平台 Demo 版"城市发展趋势推演"功能基于多源大数据整合国土空间现状信息资源，构建"CitySPS 城市系统模型"，运用机理算法或机器学习算法，从人口总量与时空分布、用地规模与土地功能演变、房屋存量增量及供需态势、产业空间结构与发展趋势、城市交通路径与个人出行链、公共服务设施供需匹配关系等角度，评估城市各系统核心要素在规划周期内的发展趋势，为城市规划或政策决策提供科学支撑。

首先，通过 Demo 版的城市发展趋势推演首页（图 11-13），新建全局推演项目。全局推演是城市发展趋势推演的功能入口，基于"CitySPS 城市系统模型"原理，将区域经济、人口与就业、房地产价格、交通需求、交通流分配和碳排放六个模块之间的变量和参数充分融合，实现互相调用，从而构建完整的城市全系统计算流程。点击全局推演模块的"新建项目"按钮，自定义项目名称，并确认此次计算的目标属性（图 11-14）。Demo 版中默认使用虚拟城市 Demo 市进行预测计算，并以 1 年的时间粒度进行 2022～2025 年的发展趋势推演。博雅智城·CitySPS 平台正式版将更为开放，用户可以自主选择目标城市、基准年份、预测年份、时间粒度等条件，同时可以自主上传和编辑输入数据。

在 Demo 版的计算方法方面，用户可以自主选择 G1 机理算法、G2 机器学习算法或分模块算法。其中，G1 机理算法为城市计算引擎 CitySPS 城市系统模拟的第一代算法，是基于经济学、社会学、地理学理论和数理模型的算法，是构建 CitySPS 城市系统模拟和预测城市系统演化的计算路径。G2 机器学习算法是 CitySPS 城市系统模拟的第二代算法，该算法在 G1 机理算法的基础上，对区域经济、用地、房价、交通需求等子模块采用机器学习算法进行更新，更深入挖掘城市演化的复杂规律。而 G2 分模块算法则在 G2 机器学习算法的基础上，为用户开放了机器学习算法的子模块的选择自由度，用户可以对人口、房价、用地和交通需求四个子模块进行算法选择和组合，构建个性化的"机理+机器学习"模型。

图 11-13　Demo 版城市发展趋势推演功能首页

图 11-14　Demo 版城市要素全局推演功能
项目属性、算法选择

　　点击"下一步"，进入数据校核页面（图 11-15）。输入变量分为六大类别，分别是房地产与用地、区域经济与人口就业、交通需求、交通流分配、碳排放和设施覆盖率，用户可对这六大模块的输入数据及参数进行校核与确认。Demo 版中的输入数据由平台提供，正式版可对输入数据进行自主制备或本地导入。

图 11-15　Demo 版全局推演项目——数据校核

　　点击开始计算，进入工程计算等待页面。用户可以在该页面停留，或点击"返回"将项目放置后台等待。项目计算完毕，点击"查看项目"查看计算结果（图 11-16）。

图 11-16　Demo 版全局推演项目——查看历史结果

　　进入平台 Demo 版城市发展趋势推演功能的计算结果展示页面，如图 11-17 所示，页面由左侧交互区、右侧指标展示区组成。左侧交互区首先对整体性指标、详细性指标、不同类别指标等不同类型的输出指标进行归类整理，向用户提供了灵活选择和交互空间。同时，用户也可以对目标预测年份及数据可视化方式进行选择。首先，整体性指标界面中间区域展示了 CitySPS 城市系统模型整体性指标之间的相互联系。界面右侧滚动展示的是各个指标的详细数值，并对指标进行了"合理""警告""风险"三个级别的评估。

图 11-17　Demo 版全局推演项目指标详情页面——整体性指标

　　点击左侧"切换"按钮进入详细性指标界面。如图 11-18 所示，详细性指标界面通过地图浏览、总体情况描述统计、分区情况描述统计、指标预警结果、指标关联性、指标含义等模块详细展示区/街道级指标的计算结果。点击页面左侧交互区的"年份选择"按钮，用户可以对两个年份间的整体或详细性指标计算结果进行对比，同时展示空间分布结果。在正式版本中，指标结果页面的所有计算结果都可以通过"输出报告"的功能形成本地文档，供用户下载留存。

图 11-18　Demo 版全局推演项目指标详情页面——详细性指标

11.4　Demo 版城市系统智能预警

　　博雅智城·CitySPS 平台 Demo 版的第三大功能为城市系统智能预警，该功能主要是对 Demo 版的"城市运行状态监测"与"城市发展趋势推演"的计算结果设置"预警阈值"，实现关键指标的预警与评估可视化。城市系统智能预警的实现流程包含预警指标构建、智能预警阈值库建立、动态预警感应算法实现以及预警结果输出并诊断四大步骤，下面将重点介绍预警结果查看的流程。

　　用户可点击指标预警模块的"点击查看"按钮，在弹窗中的"选择模块"一栏，选择已计算的模块，然后在下方"选择计算项目"模块选择对应的项目后点击"下一步"（图 11-19）即可进入指标预警界面。

　　该界面包含城市尺度、区级尺度以及街道尺度三种层级的关键指标的预警结果，用户可以在界面左侧第一列图表中查看城市尺度的各项指标的具体数值以及城市整体预警指标占比情况，左侧第二列提供区级尺度与街道尺度的具体指标查看功能（图 11-20），用

图 11-19 Demo 版指标预警功能访问页面

图 11-20 Demo 版城市尺度和区域尺度预警指标展示

户可以在"预警指标"栏下的"指标分类"处选取需要查看的具体指标，并在地图左上方选择需要预警的年份与尺度（区级与街道级），界面右侧地图将对应展示该指标在不同时空颗粒度上的预警情况。

在可视化呈现上，平台将计算结果分为风险、警告以及合理三个等级，分别对应红、黄、绿三种颜色，它们可辅助用户直观地查看计算结果的发展态势，以便针对个别超出合理阈值的风险指标进行提前规避与防范（图 11-21）。

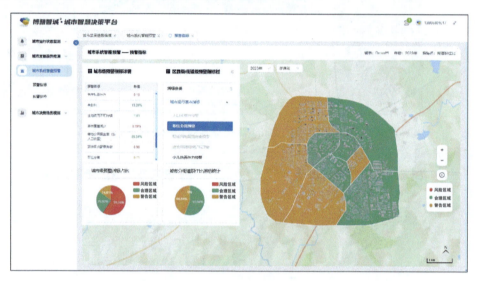

图 11-21　Demo 版指标预警可视化

在进行预警结果浏览后，平台将针对各项预警结果进行诊断，并识别出预警结果为风险及警告的指标，针对这些指标进行初步的原因分析，并筛选出可以通过后续调控使预警结果变为合理的指标，然后将这些指标的结果优化设定为调控目标，进行下一步骤即城市决策场景模拟。

11.5　Demo 版城市决策场景模拟

博雅智城·CitySPS 平台 Demo 版的第四大功能为城市决策场景模拟，基于博雅智城·CitySPS 平台的核心技术和功能设计理念，平台 Demo 版的"城市决策场景模拟"功能同样基于要素推演的计算项目，通过二十余项政策核心调控指标，对系统设定的典型政策场景进行政策模拟，通过识别对比政策调控前后的城市发展指标差异，基于城市发展的不确定性，面向国土空间的规划与发展，对城市的规模、机能、结构、空间规划等多要素进行模拟运算，为城市建设、管理和经营策略提供决策支持。基于主平台八大政策推荐场景，Demo 版以低碳城市场景为例，展示 Demo 市为实现低碳城市目标时所进行的政策调控及模拟结果。

城市决策场景模拟功能包括建立城市模拟场景和查看已有的城市模拟场景两部分（图 11-22），在项目栏左侧点击"新建场景"，可新建城市低碳模拟场景；点击"查看场景"，可查看已有模拟结果。首先，点击"新建场景"按钮。

图 11-22　Demo版城市决策场景模拟功能首页

图 11-23　Demo版低碳城市场景——新建项目

在"项目名称"区域输入要新建的项目名称（图11-23），在表头进行项目属性筛选或使用搜索功能，选择已经计算完成的城市发展趋势推演项目作为本次场景模拟的基础数据。点击"下一步"进入场景调控面板部分（图11-24）。

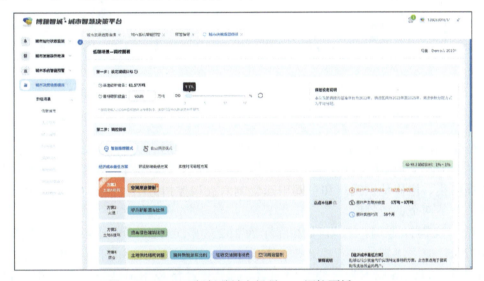

图 11-24　Demo版低碳城市场景——调控面板

在低碳场景调控面板模拟特定政策方案下的城市发展路径，主要功能分为设定减碳调控目标和进行政策调控。在设定减碳调控目标方面，基于"城市发展趋势推演"计算结果得出的城市目标年份碳排放量，可以在"目标碳排放量"区域输入目标碳排放总量，或使用右侧的百分比拖动条进行滑动调节。右侧"重置"按钮可重置数值。在Demo版中，平台限制的调控目标最大阈值为基准总碳排量的0%～15%，调控区间为2022～2025年，调控参数分配方式为平均分配。如图11-25所示，本次案例的基准碳排放总量为61.57万t，即政策调控前，2025年Demo市城市发展趋势推演项目计算所得的碳排放量为61.57万t。设定减碳目标为1.1%，表示期望通过本次政策调控，2025年Demo市城市碳排放总量可降低1.1%至60.89万t。

政策调控分为"智能推荐模式"和"自由调控模式"两种。如图11-26（a）所示，"智能推荐模式"情况下，平台会根据目标碳排放量给出推荐优化方案。推荐优化方案分别以经济成本最低、环境影响最低和实施时间最短为条件进行推荐。经济成本最低方案是能够以较少资金代价实现特定目标的方案，适用于强调财政支出效益的用户；环境影响最低方案是以较小的环境负面影响为目标的方案，适用于强调降低能源消耗，减少活动对环境造成的破坏和污染的用户；实施时间最短方案是以最短的时间完成特定目标的方案，适用于强调高效率和最短时间的用户。

图 11-25　Demo 版低碳城市场景——设定减碳目标

(a) 智能推荐模式　　　　　　　　　　(b) 自由调控模式

图 11-26　Demo 版低碳城市场景—调控面板（智能推荐模式和自由调控模式）

在"自由调控模式"下，用户可以完全自主自由地对各大政策调控指标进行模拟调控。Demo 版为用户开放了土地供给结构调整、提高绿色建筑比例、提升新能源车比例、征收交通拥堵税、增修地铁线路和空间用途管制六大调控指标[图 11-26（b）]，每个调控指标设置了上下两个调控刻度。

以本次调控为例，设置减碳目标为 2025 年 Demo 市城市碳排放总量降低 5%至 65.76 万 t，使用"智能推荐模式"。结合 Demo 市区域经济和房地产价格现实情况，本次调控首先以经济成本为首要考虑因素，选择"经济成本最低方案"，切换方案 1 至方案 5，通过浏览五个方案的成本估算情况，得出方案 2 最符合现实需求。如图 11-27 所示，方案 2 调控变量为土地供给结构调整、提升新能源车比例和征收交通拥堵税费，调控方案为提升新能源车原始比例 2%至 70%，预计降低城市总碳排放量的 4%~6%。该方案预计产生经济成本为 3.11 亿~3.8 亿元，实施期间预计产生碳排放量 0.05 万~

(a) 经济成本最低方案　　　　　　　　(b) 模拟结果展示

图 11-27　Demo 版低碳城市场景——经济成本最低方案和模拟结果展示页面

0.06 万 t，预计实施时间为 96 个月。以上 3 个成本条件均在可接受范围内，最终确定此次政策调控采取第二个经济成本最低方案，即经济成本混合方案。

点击"开始模拟"，等待项目计算。模拟计算结束后，页面将自动跳转至城市决策场景模拟结果页面（图 11-27）。页面共分为两大功能区，页面顶部的场景模拟结论区，为用户提供本次模拟计算的核心计算结果、结果对比情况以及政策模拟最终结论；页面左下方的"调控路径"区域显示调控涉及的指标前后的数值、变化幅度；页面下方右侧的地图区域展示计算结果的空间分布。地图区域切换不同类型、年份、空间尺度的碳排放数据，同时可对调节前、调节后碳排放情况进行对比。基础地图组件有可交互比例尺、定位功能、地图数据"样式"切换，其中包括数据分级法、数据分级数量、色带。点击"数据表格"可展示各分区干预前后的碳排放量及变化情况。主平台支持政策模拟结论报告导出功能。以本次项目为例，2025 年 Demo 市低碳场景设定目标碳排放量为 65.76 万 t，调控计算结果为 61.59 万 t，减碳比例为 6.40%，达到设定目标。从不同类别的碳排放量结果来看，交通碳排放量下降幅度最大，其次是建筑碳排放量，最后是用地碳排放量，可以初步得出交通相关的调控政策起到显著作用，提升新能源车比例可作为重点参考政策。

第 12 章

结论与展望

1. 预防"城市病"是城市可持续发展治理的核心主题

全球范围内预防"城市病"是城市可持续发展的普遍需求。为建设包容、安全、有抵御灾害能力和可持续的城市和人类住区，联合国可持续发展目标 11 强调了到 2030 年缓解各种"城市病"的愿景，包括确保所有人能够获得适当、安全和负担得起的住房和基本服务，防止住房负担过重；提供安全、可持续的交通系统，改善道路安全，特别关注弱势群体需求，避免交通拥堵；加强包容和可持续的城市建设，提高住区规划和管理能力；努力保护和捍卫世界遗产。减少灾害导致的伤亡和经济损失；减少城市环境负面影响，如空气质量管理和城市废物管理；提供安全、包容的公共空间给所有人；加强国家和区域发展规划，促进城乡经济、社会和环境联系；大幅增加实施综合政策和计划，构建包容、高效、抗灾的城市和住区，并全面实施灾害风险管理。支持最不发达国家建造可持续、抗灾的建筑等。

2. 城市生命体运行模拟预测技术是预防"城市病"的关键支撑

要科学预防"城市病"，需要城市生命体运行模拟预测技术的支撑。城市系统模型能够为科学预防"城市病"带来多方面的好处，通过全链条流程：过程监测、状态预警、问题诊断、规划编制、方案优化，可以提供以下优势。

在过程监测方面，城市系统模型可以结合大量城市数据，通过对城市发展和运行过程的监测，深入了解城市的运行状况，从而及时发现问题的根源和潜在风险。在状态预警方面，基于城市系统模型和相关规范要求，设立阈值和预警模型，通过对数据的分析和算法的运用，及时检测和预警城市系统中可能出现的问题。这可以帮助城市决策者提前采取措施，防止问题恶化，减少潜在的损失。在问题诊断方面，城市系统模型可以帮助识别和定位城市存在的问题。通过建立城市综合评估指标体系，模型可以全面地评估城市多个方面的问题，为问题的定性和定量分析提供支持。在规划编制方面，城市系统模型可以基于前期的过程监测和问题诊断结果，提供科学依据和决策支持，为城市规划的编制提供指导。CitySPS 城市系统模型可以帮助规划者理解城市系统的复杂性和相互关联性，预测不同规划方案的效果和影响，从而制定更加科学和可持续的城市规划。最后在方案优化方面，基于城市系统模型，可以对规划方案进行模拟和优化。通过对模型的运算和算法的比较分析，可以评估不同方案在经济、环境、社会等方面的综合效益，为决策者提供科学的选择和决策支持，以实现对"城市病"的科学预防。

3. CitySPS_SPSW 的可推广性及应用前景

城市生命体运行预测与智慧预警技术（CitySPS_SPSW）依托于我国首个自主产权的城市系统模拟预测技术平台应用系统（博雅智城·CitySPS 平台）及其城市计算引擎（CitySPS_UCE）。

博雅智城·CitySPS 平台及其核心的城市计算引擎技术具备七大显著优势：面向智慧决策的平台定位、科学与数据驱动的深度融合、精确量化的城市计算能力、多维度的技术架构拓展性、自主可控的安全防护体系、灵活的数据服务嵌入功能以及智能推荐的最优方案。此外，该城市计算引擎的独特优势在于能够融合机理模型与 AI 模型，开展精准预测，并从信息、知识和决策三个维度为 CIM 和 TIM 模型赋能。尤其是其在数据轻型化和灵活的数据服务嵌入的优点，确保了 CitySPS_SPSW 的可推广性。

我国城镇化发展已经进入了以内涵式高质量发展的阶段，客观上需求精细化、智慧化的城市治理。CitySPS_SPSW 可以在多个维度满足城市治理精细化的技术需求。首先是在高空间颗粒度下，通过城市系统模型和空间数据分析，可以对城市的不同区县和街道的未来情景进行精准的分析和推演，使得城市规划和管理更具针对性和精确性。其次是高时间颗粒度，通过实时数据监测、预警和响应系统，可以及时捕捉和应对城市问题，从而实现快速响应和有效治理。再次是多个部门之间的联动统筹治理，CitySPS_SPSW 的跨部门数据共享和联动机制可以促进相关部门之间的协同合作，提高城市治理的效率和效果。最后是基于精准预测的未来决策评估，允许"试错"，对决策进行事先评估，进而制定优化策略，最终实现治理政策的高效化和实时化。

CitySPS_SPSW 模型展现出广阔的应用前景，经济效益与社会效益显著。其影响力主要体现在政务决策、智能建造、数字经济、规划咨询、地理信息产业及教育培训等多个领域。

在政务决策方面，该模型为政策制定提供了科学、高效的数据支持；在智能建造领域，它推动了建筑行业的智能化与自动化发展；在数字经济方面，CitySPS_SPSW 模型促进了数据的整合与价值的挖掘，为数字经济的发展注入了新的动力。对于规划咨询领域，该模型更是助力规划业务，实现了数字化与智慧化的转型，提升了规划的科学性与前瞻性。而在地理信息产业及教育培训方面，CitySPS_SPSW 模型也发挥了重要作用，推动了相关产业的创新与发展，并为人才培养提供了有力的支持。

4. 城市生命体运行模拟与预测预警的未来发展方向

当前，新一轮科技革命和产业变革正在孕育兴起，数字化正以不可逆转之势深刻改变人类生产生活方式。城市大脑作为新基建的重要内容，越来越成为推动城市治理体系和治理能力现代化的重要抓手，"十四五"规划将数字化发展单独成篇，提出分级分类推进新型智慧城市建设，推进城市数据大脑建设，探索建设数字孪生城市。

全球新一轮科技革命和产业变革正在蓬勃兴起，数字化浪潮以不可阻挡之势重塑着人类社会的生产生活方式。城市大脑作为新型基础设施建设的核心内容，日益成为推动城市治理体系和治理能力现代化的关键力量。随着科技日新月异的发展和城市化进程的持续加速，城市复杂系统运行模拟与智能预警技术将呈现出若干引人瞩目的发展趋势。

趋势一：高精度模拟技术的崛起与多领域协同预警。随着大数据、云计算和人工智能等技术的融合应用，未来的城市复杂系统运行模拟将具备更高的精度和可靠性。通过实时收集城市运行数据，结合先进的算法模型，我们可以构建出更为精细的城市运行模拟系统。运用先进的 AI 核心技术，我们将致力于研发更多融入"AI 思维"的创新解决方案，依托领先的 AI 核心技术，结合历史数据和模型预测，及时发现潜在的风险和问题，并发出预警信号，更加准确地预测城市人口、土地、交通、职住、能源、环境等各个方面的运行状况，为城市规划和管理提供有力支持，保障城市运行的安全和稳定。

通过全面收集并整合城市各级、各部门、各行业所分散的海量数据，我们正在逐步完善一个集数据聚合、业务协同以及应用赋能于一体的城市智慧预测预警平台。这一平台将作为城市的新型基础设施，激发各行业以及跨行业的系统建设活力，有序推动各行业系统的接入与提升，最终实现城市治理和服务领域的全面覆盖。平台将综合考虑各个领域之间的相互影响和制约关系，为城市规划和管理提供更为全面和准确的决策支持。

城市系统模拟预测预警平台具有广泛的应用潜力，能够为政务决策、智能建造、数字经济、规划咨询、地理信息产业以及教育培训六大产业提供全面且深入的支持。随着科技的飞速发展，城市系统模拟预测预警平台的广泛应用潜力正逐渐显现。平台将以其精准的数据分析、高效的预测预警机制和强大的决策支持功能，为政务决策、智能建造、数字经济、规划咨询、地理信息产业以及教育培训六大产业提供深入的支持。

在政务决策方面，城市系统模拟预测预警平台通过推演和预测未来城市运行的各种数据，为政务决策提供了科学依据。例如，在城市规划方面，平台可以模拟不同规划方案对城市发展的影响，帮助政府作出更为科学合理的决策。在智能建造领域，该平台通过实时监测建筑工地的各种数据，可以预测工程进度和可能出现的安全风险，提高工程建设效率，预警施工危险。在数字经济方面，平台可以根据用户购物行为和消费习惯预测其未来的购物需求，帮助企业和个人把握市场趋势，制定更为精准的商业策略。在规划咨询和地理信息产业中，平台通过预测地理信息数据和城市规划数据，为规划咨询机构提供全面的数据支持和分析服务。同时，平台还可以为地理信息产业提供高精度、高时效的地理信息服务。在教育培训领域，平台通过模拟预测城市发展趋势和变化，可为教育机构提供丰富的教学素材和实践案例。

趋势二：“双碳”目标下的城市数字化低碳转型。 2021年10月24日，中共中央、国务院印发了《关于完整准确全面贯彻新发展理念做好碳达峰碳中和工作的意见》。根据这一意见，到2030年，经济社会发展全面绿色转型取得显著成效，重点耗能行业能源利用效率达到国际先进水平。到2060年，绿色低碳循环发展的经济体系和清洁低碳安全高效的能源体系全面建立，能源利用效率达到国际先进水平，非化石能源消费比例达到80%以上。

在“双碳”目标的背景下，碳将成为一种可交易、可投资的资产。然而，由于碳排放难以直接检测，如何增强碳交易的可信度成为一个重要问题。因此，平台将紧密围绕经济发展和绿色发展战略部署，推动数字化与绿色化协同发展。以数字技术为关键抓手，以数字基础设施为目标牵引，以云计算技术实现“碳虚拟”，以大数据技术开展“碳摸底”，以人工智能探索“碳预测”，加速城市基础设施的节能降碳。基于平台内部现有“低碳城市”场景，为实现城市“双碳”目标提供具体策略和技术路线，并通过大数据和人工智能技术助力政府碳资产管理。

趋势三：治理政策的城市运营模拟。 城市运营是我国新型城镇化进程中出现的一种综合开发建设运营理念，融合了城市经济学、新公共管理理论和城市竞争力思维。它指政府和企业在深刻认知城市资源的基础上，通过政策、市场和法律手段对城市资源进行整合、优化、创新，实现城市资源的增值和城市发展的最大化。在这一背景下，深入模拟城市运营对于有效规划城市发展、提升城市运行效率至关重要。因此，平台在城市决策模拟版块进一步模拟各细分政策场景对城市各大子系统的直接或间接影响，为城市建设、管理和经营策略提供数据支撑，助力城市实现转型发展，更好地适应城市发展的新趋势。

目前，城市形态和治理方式正在因人民生活习惯的改变和科技的发展而深刻改变。新兴产业，如低空经济和无人驾驶正逐渐成为城市发展的关键推动力，同时人们的生活方式变化也在推动城市治理模式的转变。随着网购、远程办公和共享经济的兴起，城市居民对于交通、配送、城市空间利用等方面的需求和期望也在不断演变，如远程办公的兴起，将导致更多的写字楼空置以及更少的二氧化碳排放量。面对这些变化，城市治理者需要及时调整策略，通过城市运营模拟不同新兴政策对城市未来发展的影响，在满足人民日益增长需求的基础上作出更加科学化、计量化的决策。

趋势四：从被动感知到主动感知城市数据。传统的城市数据收集多依赖于被动感知，如城市统计年鉴、经济普查数据等。然而，随着城市计量模型精度的进一步提升以及模型应用场景的进一步细化，城市数据的输入要求也在不断提高。为了满足这一需求，城市数据采集逐渐转变为主动感知模式，于是涌现出了多元、海量、快速更新的城市数据来源，如手机信令数据、公交卡数据、街景图片数据等。这些数据的出现为研究精细时空尺度下的人类行为和空间形态提供了广阔的前景。

同时，跨学科以及数据驱动的技术方法，如可穿戴式设备等主动感知技术也为城市空间与人类行为活动的相互作用机制研究提供了重要机遇。这些技术方法不仅能够帮助我们更好地理解城市中人们的行为模式，还能够为城市规划和管理提供更加精准的数据支持，推动城市发展朝着更加智慧和可持续的方向迈进。

趋势五：算力的高速发展赋能智慧城市建设。我国算力步入高速发展新阶段。2023年，我国在用数据中心机架总规模超过810万标准机架，算力总规模达到了230EFLOPS（每秒2.3万亿亿次浮点运算），智能算力比例逐步提升，规模达到了70EFLOPS，增速超过70%。据中国电信股份有限公司研究院预计，到2024年底，全国算力规模将超270EFLOPS。高算力将赋能城市管理者进行科学决策，城市数据平台通过整合和分析各类城市数据，支持城市规划、交通管理、环境保护等方面的决策，提高城市治理水平。同时，利用算力进行城市发展趋势的模拟和预测，为城市长期规划提供科学依据，提升城市的可持续发展能力，为智慧城市的可持续发展提供坚实基础。

趋势六：技术驱动下的智慧城市生活变革。随着技术的迅猛发展，智慧城市正在逐步改变人们的生活方式和城市运行方式。从智能基础设施到公共安全与应急管理，再到环境监测与市民服务，技术革新正为城市生活带来前所未有的便利和效率。智能交通系统利用实时数据分析和预测优化交通流量管理，减少拥堵，同时支持自动驾驶技术的发展。智慧电网通过实时监控电力供需情况，提高了电网稳定性和能源效率。智能建筑通过物联网设备实现对建筑环境的智能管理，促进能源节约和居住舒适度提升。在公共安全与应急管理方面，高算力支持城市安全监控系统的发展，包括视频监控和图像识别技术，快速识别异常行为和事件，提升了公共安全水平。大数据分析预测自然灾害和突发事件，优化了应急响应和资源调度效率，保障了市民生命财产安全。环境监测与管理通过大规模传感器数据实时分析，及时掌握环境变化，制定科学环境保护措施，改善城市居民生活环境质量。在市民服务与体验方面，智慧医疗利用算力进行医疗大数据分析和个性化诊疗，提升了医疗服务效率和质量。智慧教育推动了教育资源广泛普及和个性化学习的实现。智能家居系统通过算力实现了设备联动和智能管理，提升了家居生活的便利和安全性。这些技术创新不仅改善了城市居民的生活质量，还推动了城市智能化建设向更可持续和智能的方向发展，为城市的可持续发展和市民的幸福感奠定了坚实基础。

技术的发展离不开政策的支持和引导。未来的城市复杂系统运行模拟与智能预警技术将在政策层面得到更多的关注和支持。2020年3月31日，习近平总书记在杭州城市大脑运营指挥中心进行视察时强调，运用大数据、云计算、区块链、人工智能等前沿技术推动城市管理手段、管理模式、管理理念创新，从数字化到智能化再到智慧化，让城市更聪明一些、更智慧一些，是推动城市治理体系和治理能力现代化的必由之路，前景广阔。在"十四五"规划明确提出了分级分类推进新型智慧城市建设，加强城市数据大脑建设。

政府将出台更多的政策推动相关技术的研发和应用，为城市运行模拟与预警技术的发展提供有力保障。同时，技术的发展也将为政策的制定和实施提供有力支撑，实现技术与政策的良性互动和共同发展。

综上所述，随着技术的不断进步和应用场景的不断拓展，这些趋势将共同推动城市运行模拟与预警技术的不断进步和发展，为城市的可持续发展和安全稳定提供有力支持。城市复杂系统预测预警技术将为未来城市的发展和繁荣贡献更大的力量。

趋势七：智慧城市技术成为城市规划、国土空间规划领域实施发展新质生产力的重要路径。 智慧城市技术，作为城市规划与国土空间规划领域的新质生产力路径，正深刻地重塑着城市的未来。其核心在于利用先进的信息技术，如物联网、大数据、人工智能等，实现城市资源的高效配置和城市管理的精细化。通过传感器网络，城市能够实时收集交通流量、能源消耗、环境质量等关键数据，为决策者提供精准的依据。大数据分析则帮助城市规划者洞察居民需求，优化城市布局，提高公共服务的可达性和质量。人工智能的应用，如智能交通系统、智能安防系统等，不仅提升了城市的运行效率，还增强了居民的安全感和幸福感。在国土空间规划中，智慧城市技术有助于实现土地资源的可持续利用，通过模拟和预测城市发展对自然环境的影响，制定科学合理的规划方案。这不仅推动了城市的可持续发展，也为人们创造了一个更加宜居、高效、智能的生活环境。随着技术的不断进步，智慧城市将成为未来城市发展的必然趋势，引领城市规划和国土空间规划进入一个新的时代。